人間関係で「疲れない心」に変わる言いかえのコツ

植西聰　心理カウンセラー

講談社

はじめに

ポジティブ心理学の考え方のひとつに、

「いい人間関係に恵まれることが、その人の幸せにつながる」

というものがあります。

ポジティブ心理学とは、わかりやすく言えば、

「人間が幸せに生きていくためには何が必要か」

ということを中心に研究する心理学の一分野です。

そして、「人間の幸せ」のためには「いい人間関係」に恵まれることが不可欠だ、とポジティブ心理学は考えているのです。


では、いい人間関係を育《はぐく》んでいくためには、何が大切なのでしょうか？

そのもっとも重要な要素が、「言い方」「話し方」であると言えるでしょう。

人と人とは、日頃のコミュニケーションによってつながっています。

つまり「言葉」を使って、交流を深めているのです。

本書では、そんなポジティブ心理学の考え方を交えながら「ものの言い方」について解説していきます。

話す時の「言い方」ひとつで、相手が受ける印象は大きく変わってきます。

言い方が悪いと、相手に悪い印象を与えることになるでしょう。

おかしな話し方をすると、相手から反感を買ったり、嫌われたり、時には、大きな誤解を受けることになりかねません。

反対に、いい言い方をすると、それだけで相手から好かれます。

話し方がいいと、相手は親近感を寄せてくれます。

味方になってくれ、さまざまな支援を寄せてくれるようにもなるのです。

このように、たとえ同じ内容のことを言っても、**言い方によって、相手の印象や反応は、ガラリと変わってくる**のです。

そういう意味から言えば、人間関係がよくなるかどうかは「ものの言い方」「口に出す言葉」にかかっていると言えます。

だからこそ、日頃から、言い方、話し方、言葉の使い方などを学び、「ネガティブな言葉」を「ポジティブな言葉」に言いかえる技術を磨いておく必要があるのです。

人間は、多くの人たちとのつながりの中で生きています。

多くの人と手をたずさえ、多くの人から支えられて生きています。

ですから、ものの言い方が上手な人は、間違いなくさまざまな恩恵を受けることができます。

愛情を受け、やさしい言葉をかけてもらい、また、落ち込んでいる時には励ましてもらえるでしょう。

いい言葉が、よき人間関係を育み、よき人間関係が、その人の幸福感へとつながっていくのです。

自分の人生に、そのような好循環をつくり出していくためにも、出発点として「ものの言い方」を学んでおくことは、非常に意義があると思います。

本書がそのお役に立つことができれば、このうえなく幸せです。

2021年10月

植西　聰

プロデュース・編集
吉田 宏（アールズ）

イラスト
樋口モエ

ブックデザイン
albireo

人間関係で「疲れない心」に変わる 言いかえのコツ　目次

第1章

共感する言葉

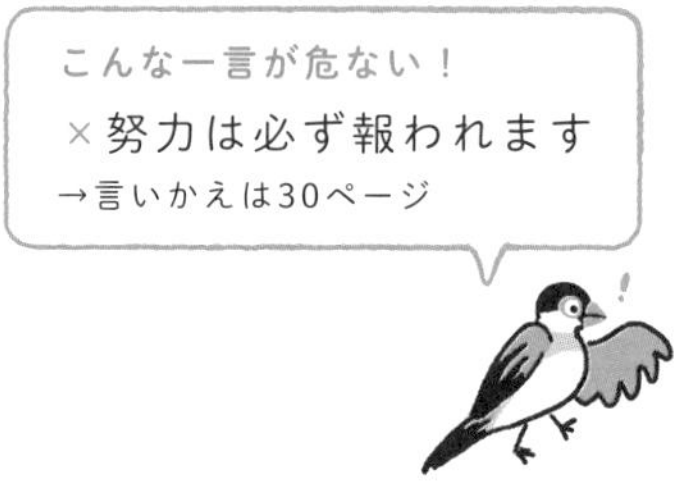
こんな一言が危ない！
×努力は必ず報われます
→言いかえは30ページ

第2章

謝る・許す言葉

こんな一言は逆効果！

×私としたことが

→言いかえは40ページ

第3章

社交・挨拶の言葉

こんな一言に落とし穴が！

×うっとうしい雨ですね

→言いかえは56ページ

第4章

話し合いの言葉

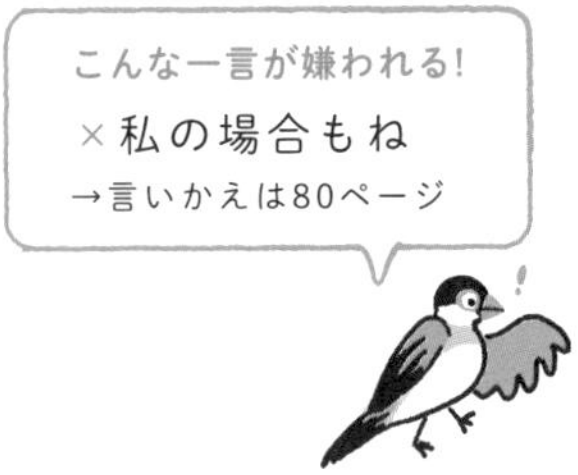
こんな一言が嫌われる！
×私の場合もね
→言いかえは80ページ

第5章

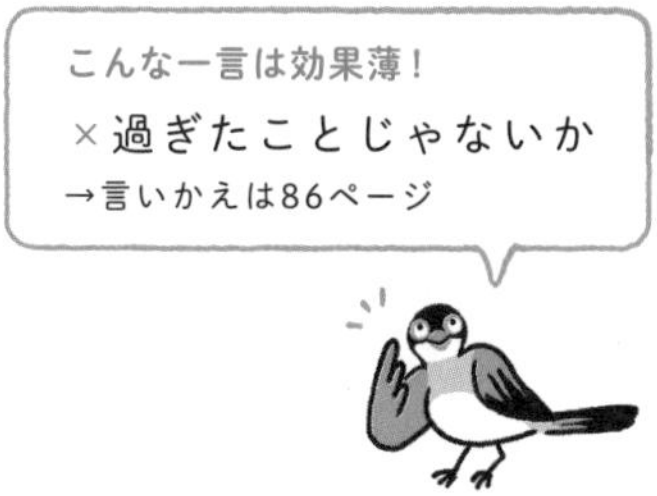
こんな一言は効果薄！
×過ぎたことじゃないか
→言いかえは86ページ

空気を変える言葉

第6章

感謝する言葉

こんな一言に要注意！

×お話ありがとうございました

→言いかえは102ページ

第7章

依頼する言葉

こんな一言にご用心！

×今忙しいので代わりにお願い

→言いかえは112ページ

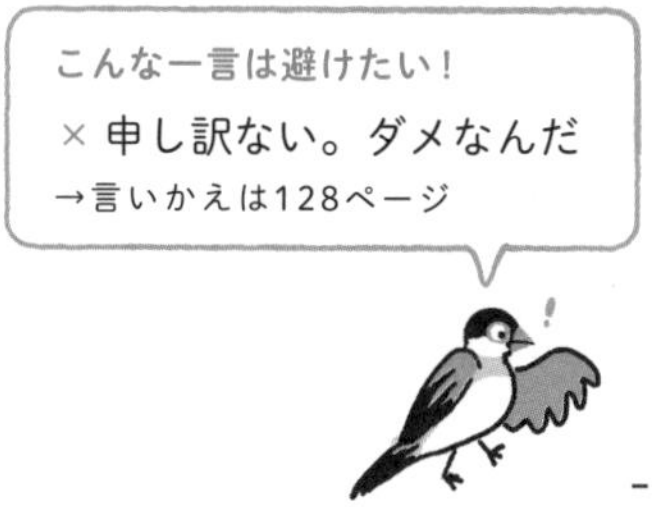
こんな一言は避けたい！
× 申し訳ない。ダメなんだ
→言いかえは128ページ

第8章 「イエス・ノー」を伝える言葉

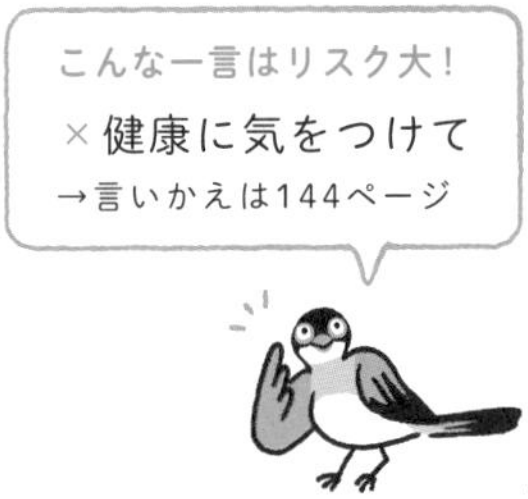
こんな一言はリスク大！
×健康に気をつけて
→言いかえは144ページ

第9章

忠告・苦情の言葉

こんな一言から誤解が！

×がんばってね

→言いかえは162ページ

第10章 励ます言葉

第11章

ほめる言葉

こんな一言で台なしに！

×見直したよ

→言いかえは184ページ

第12章

人物評価の言葉

こんな一言が傷のモト！
×言いすぎでしょ
→言いかえは202ページ

第13章

グレーゾーンの言葉

こんな一言で差がつく！
×変わらないね
→言いかえは214ページ

おもな登場人物

ネコお母さん

35歳、おもちゃメーカーの
製品広報部勤務。
息子とウサギ後輩の
成長が楽しみ

▼
▼
▼

会社の

イヌ課長

ウサギ後輩

ネコ息子

保育園の年中クラス

ネコお父さん

33歳、住宅メーカーの
営業部勤務、共働きで
料理もこなす。悩みは
語彙に乏しいこと

▼

会社の

タヌキ部長

キツネ先輩

ハリネズミ後輩

第1章 共感する言葉

こんな一言が危ない！

×努力は必ず報われます

↓言いかえは30ページ

人間関係で大切なのは「共感力」。
相手の気持ちにスッと寄り添ってこそ、言葉は心の深くまで届きます。
共感がなければ、どんな賞賛や助言も「だから何？」となりかねません。
ビジネストークや友人との会話も「共感できないね」と評されては終わりです。

なのに、実際には、決まり文句を口にするだけで
「気持ちがつながった」と勘違いする人、上から目線で語りかけて

「慰めてあげた」と誤解する人も
少なくないようです。

人は言葉にとても敏感。
わずかの差で、癒《いや》しの一言が
イヤミに受けとられたりします。
なので、共感のコツは、
押しつけないようにすること。
言葉を選びながら、
徐々に心の呼吸を合わせていきます。

簡単でしょ
（これくらいできないの！）
「誰だって最初は難しいよね」とボクなら言うな……

能力が上がるにつれて、
他人への共感力は下がりがち。
「上から目線の心理」に要注意

「仕事で疲れた」とため息をつく人に

×仕事を減らしたら？と助言めいたことを言う
○疲れてるんですねと相手の言葉をオウム返しする

無理なことを解決策めかして言わない

心理カウンセリングの話法のテクニックのひとつに、「バックトラッキング」と呼ばれるものがあります。

これは、「相手の言った言葉を、そのままオウム返しする」ということです。

たとえば、友人がひどく疲れた顔をして、「最近、残業が多くて」という話をしたとします。

その言葉を、そのままオウム返しにして、

「そうなんだ、残業が多いんだ」

というように言います。

さらに、

「なんだか、疲れちゃって」

「そう、疲れてるんだ」

このように、相手の言葉に、自分の言葉をぴったりと寄り添わせていくのです。

このバックトラッキングという手法によって、相手は、「この人は親身になって、私の話を聞いてくれている。私が言っていることに、共感してくれている」という印象を持ちます。

そのため、安心して話を続けられます。

一方で、「最近、残業が多くて」と言う友人に対して、

「少し仕事を減らしたら？」

などと解決策めいたことを言うのはよくありません。

それができないために相手は疲れているのですから、話がそこで終わってしまいます。

また、「残業が多くて大変」という相手の気持ちに寄り添うこともできません。

相手との人間関係も深まってはいかないでしょう。

ふだんよりテンションが低い人に

×元気ありませんね！と励ますように言う
○どうしたの？と問いかける

質問は「力になりたい」という意思表明

身近にいる人が、「どうもふだんとようすが違う」という時があります。

たとえば、いつもは明るく元気いっぱいの人が、その日は言葉少なく、落ち込んでいるようすだったとします。

そんな人に、どのように語りかけるのがいいのでしょうか。

「元気ないじゃない！」

と語りかけたとします。

しかし、この言葉には「共感する力」があまり感じられません。

多少、上から目線でものを言っている印象もあります。

そのために「人間関係をよくする言葉」にもならないでしょう。

相手の気持ちに上手に共感するためのコツのひとつに、「疑問を持つ」ということがあげられます。

疑問を素直に相手に投げかけるのです。

「どうしたの？　何かあったの？」

この言葉のほうが、「元気ないね」と語りかけるよりも、共感する力が感じられます。

というのも、この「どうしたの？」という問いかけからは、

「私は、あなたのことをいつも気にしている」

「私は、いつだって、あなたの相談相手になる」

「私は、あなたと、つらい気持ちを分かち合いたい」

という意思が、より強く相手に伝わっていくからです。

日常生活の中でまわりの人たちに気を配りながら、「この人は今、どんな気持ちなのだろう？」「あの人は今、どのような状況にあるのか？」というように疑問を抱きながら人と接していくのがいいと思います。

それが「言葉の使い方が上手な人」になるコツのひとつになります。

どーんと落ち込んでいる人に

×かわいそう とあわれむ
○つらかったでしょう と同調する

あわれむ言葉は寄り添う力が弱い

ポジティブ心理学でよく用いられる言葉のひとつに、「リレーションシップ」というものがあります。

広い意味で、人間関係と理解すれば、わかりやすいでしょう。

ポジティブ心理学では、「まわりの人たちとのいい人間関係を保っていくことが、とても大切だ」と考えられているのです。

では、身近な人といい人間関係を築いていくためには何が必要かと言えば、そのひとつに、**相手に共感する言葉を使う**ようにするということがあげられます。

たとえば、友人のひとりが失恋や仕事の失敗で、ひどく落ち込んでいたとしましょう。

そのような友人に寄り添って、

「つらかったでしょう」

「悲しい経験をしたね」

「別れるまでにはいろいろなことがあったんでしょう」

と、やさしく語りかけるのです。

「共感」とは、「感情を共にする」と書きます。

つまり、「つらく悲しい気持ちでいる人と、そのような感情を共にする。相手が経験したことと、自分も同じ経験をしたとしたら、自分はどういう気持ちになるかを想像してみる。そのうえで相手に、やさしい言葉をかける」ということです。

一方で、つらい思いをしている人に、

「かわいそう」

と、あわれみの言葉をかける人もいます。

しかし、この「かわいそう」という言葉には、どこか**他人事のように語っている印象**があります。

共感する力が弱い言葉なので、もっと共感度の高い言葉を使うほうがいいでしょう。

わからないことがあって質問してきた人に

×簡単ですよと安心させようとする
○難しいですよねと共感してから教える

上から目線と思われやすい言葉に要注意

身近な人から、パソコンやスマホの操作について、「使い方がわからないんだけど、教えてくれる？」と聞かれることがあります。

そのような時に、いかにも「そんなことも知らないの？」といった態度で、「こうするんだよ。簡単でしょ」といった言い方をする人がいます。

しかし、こういう言葉づかいは、あまり印象がよくありません。

相手を安心させるために「簡単ですよ」と言ったとしても、誤解されやすいでしょう。相手にすれば、**「上から目線だ。自分は見下されている」と感じられる**からです。

そのために、自尊心を傷つけられることになるかもしれません。

人からものを尋ねられた時は、誰でも知っているような常識的なことだと思えても、それを表に出してはいけないと思います。

ここで大切なのは「共感する」という態度を示すことです。

「確かに難しいよね。こうするんじゃなかったかな？」

「わからなくなってしまうことってあるよね。私にもしょっちゅうある」

というように、相手に共感する気持ちを表します。

ものを尋ねるのは、身近な相手であっても恥ずかしいことであるはずです。

ですから、こちらも気づかった言い方を工夫する必要があるでしょう。

「そんなこともできないの？」「普通はできるよ」と軽い気持ちで言わないよう注意しなければなりません。

上から目線をさらに強く感じさせることになりがちだからです。

「簡単なことのように見えて、やってみると、なかなかできないよね」

などと、**まずは共感する態度を示す**のがいいでしょう。

そうすれば、相手との人間関係もますますよくなっていきます。

チャンスをなかなかつかめずあせる人に

×努力は必ず報われます

と一般論で話をまとめる

○苦労はわかる気がします

と聞き役に徹する

相手が気を取り直すまで待つ

人は、各々「個別の悩み」を持っています。

それに対して、一般論で話をまとめるような話し方をしないほうがいいでしょう。

それは、やはり、「相手の気持ちに共感する」ということにはつながらないのです。

たとえば、芸能界で成功することを夢見ている人がいたとします。

その人はその人なりにがんばっているのですが、なかなか下積み生活から抜け出せずにいます。

成功のチャンスをつかむことができずに悩み、あせりを感じているのです。

そんな相手から悩みを聞かされます。

それに対して、

「努力は必ず報われる、って言うよ」

「やっぱり、成功するまで、がんばっていくしかないんじゃない？」

と、一般論で話をまとめるような言い方をすると、なかなか共感を得られません。

相手としては、「そんなことは言われなくても、わかっている」と、かえって反発心を覚えてしまうこともあるのではないでしょうか。

まずは、相手の気持ちに上手に共感することが大切です。

そのためには、

「芸能界って、大変なんだろうねえ」

「私はその世界を目ざしていないけど、夢に向かってがんばっている人の苦労は、少しはわかる気がする」

といったように、相手の気持ちに寄り添いながら聞き役に徹します。

「がんばっていくしかない」という言葉は、こちらから言うのではなく、**相手の口から出るまで待つほうがいい**でしょう。

こちらから先に、話を結論づけるようなことは言わないほうが賢明です。

失敗して頭を抱えている人に

×失敗は誰にでもありますよ
と常識的な慰め方をする

○私も似た失敗をしました
と自分の体験を糸口に話す

同じ目線に立つのがいい慰め方

失敗した人を慰める言葉に、

「失敗することは、誰にでもある。だから気にすることはないよ」

というものがあります。

そう言われれば確かにそうなのでしょうが、この言い方はちょっと常識的すぎて、そう言われた側の人とすれば「慰められた」という実感が薄いでしょう。

このような場合は、「誰でも失敗する」という言い方をするよりも、

「私も以前、あなたと同じような失敗をしたことがある。その時は、今のあなたのように悩んだり、落ち込んだりしたよ」

という話し方をするほうがいいでしょう。

つまり、**「誰でも」を、「私も」に言いかえた話し方をする**のです。

「私も」という話し方をするほうが、相手としても「自分の気持ちをわかってもらっている」という実感が強く湧いてくるはずです。

共通した経験を持つ人の言葉には、より強い「共感する力」があるのです。

「誰でも」では、そのような親近感は湧いてこないでしょう。

人は、慰め、あるいは励ましがほしい時は、「自分と共通した経験を持つ人」を探すものです。

そして、その共通した経験を持つ人の言葉を参考にします。

ですから、誰かから相談を受けた時に、もしも自分自身に同じような経験があったら、その話をしてあげるのがいいでしょう。

その時に注意したいことは、「私はこうして失敗を乗り越えたから、あなたもそうしなさい」と、**強制的な言い方をしない**ことです。

自分の経験はあくまでもたんたんと話すほうがいいのです。

そこから何を学びとるかは、相手に任せるしかありません。

不幸や災難にあい慰めを求めている人に

×私はもっと大変でした

と自分の不幸を語る

○まったく大変でしたね

と相手本位に話を進める

慰める時は「自己承認欲求」を封印する

「不幸の自慢比べ」とでも言いたくなるような話し方をする人がいます。

たとえば、「離婚した」と言う人に、

「あなたは初めての離婚なんでしょう？　だったら、まだいい。私なんてもうバツ二《に》なんだよ」と言ったりするのです。

あるいは、「財布を落とした」と言う人に、

「私なんか旅先で財布を落としたことがあるんだよ。現金は失うし、カード会社に連絡す

るのも時間がかかって大変だった」

といった言い方をします。

一見慰めともとれますが、このように、「私のほうが苦労した」「私のほうが、もっとつらい思いをした」という話をしたがる**「不幸自慢の人」**は、心理的に**「自己承認欲求が強い傾向がある」**といわれています。

ネガティブな意味で、「自分の存在を認めてもらいたい」という思いが強いのです。

言いかえれば、**相手を慰める前に、「私を慰めてほしい」と思ってしまう**のでしょう。

また、相手に共感するよりも、「相手から自分の気持ちに共感することを言ってもらいたい」という願いが強いのです。

そういう意味では、依存的な傾向があると言えるかもしれません。

しかし、このような依存的な不幸自慢では、相手との人間関係は深まっていかないでしょう。

相手との深い意味での心の交流を得たいのであれば、自分のことはさて置いて、

「まったく大変でしたねえ」

「とんだ災難でしたね」

と、まずは自分のほうから相手の気持ちに寄り添って、共感する姿勢を示すのが賢明です。

悩み事を相談してきた人に

×もう社会人なんだから と自覚を強くうながす

○私も悩んだものだ と同じ目線に立つ

まず共感があってこそ助言は心に届く

ある女性は、子育てのことでいろいろと悩み事を抱えていました。
そこで彼女は実家に帰り、自分の母親にその悩みを打ち明けました。
すると、母親から、
「あなたはもうお母さんになったんだから、もっとしっかりしないとダメじゃない」
と言われたそうです。
彼女自身「しっかりしないといけない」ということは十分にわかっていました。

しかし、それができないことに悩みを抱いていたのです。

結局、彼女は、母親に相談しても悩みを解消できず、むしろいっそう頭の中がモヤモヤした状態になってしまった、と言うのです。

この例に限らず、**人は相談相手に対して「○○なんだから、△△しなければダメ」といった言い方をしがち**です。

「もう社会人なんだから、もっと自覚を持って仕事をしなければダメだ」

「自分で選んだ道なんだから、泣き言なんて言ってはいけない」

といったようにです。

しかし、このように人を**叱りつけるような言い方では、ものごとは解決しない**のではないでしょうか。

大切なのは、やはり、悩み事を語る相手の気持ちに共感する話し方をすることです。

先の事例で言えば、

「子どもを育てる時は、いろいろなことで悩んでしまうものよ。私自身、あなたを育てる時に、いろんなことで悩んだんだもの。今のあなたの気持ちはよくわかる」

という言い方もあったでしょう。

相手が求めているのも、「叱る言葉」ではなく、そんな「共感する言葉」なのです。

第2章 謝る・許す言葉

こんな一言は逆効果！

×私としたことが

↓言いかえは40ページ

謝るのは、必ずしも「自分の」非を認めることとは限りません。**自分が悪くなくても、他人が責任者でも、「申し訳ありません」と言うのが賢明**です。そこから信頼が生まれます。「私は悪くない」と申し開きをしたところで、信頼関係が深まることはないでしょう。

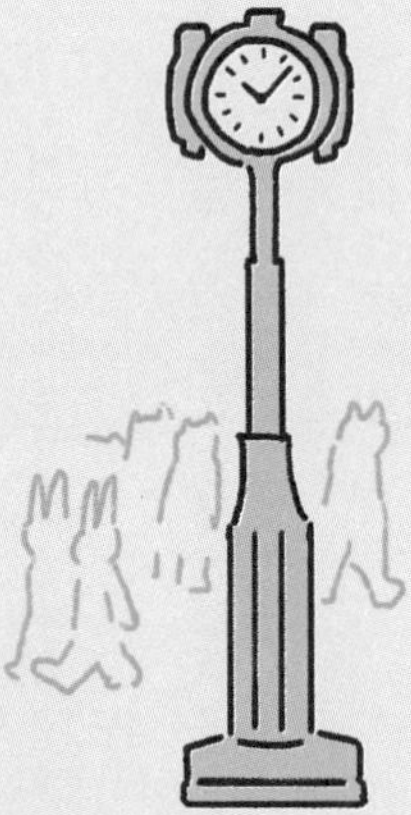

一方、許す場合は、
「自分もやりかねない」という視点に立ちます。
長い人生では、
自分が人に被害を与える場合もある。
そう思えば腹立たしさも抑えられ、
「許せない」「どうしてくれるんだ」といった
極端な言葉も出てこなくなるものです。

謝罪や許容は、自分にも相手にも
プラスの感情をつくります。
怒りをぶつけるのは、
おたがいを傷つける未熟な行為です。

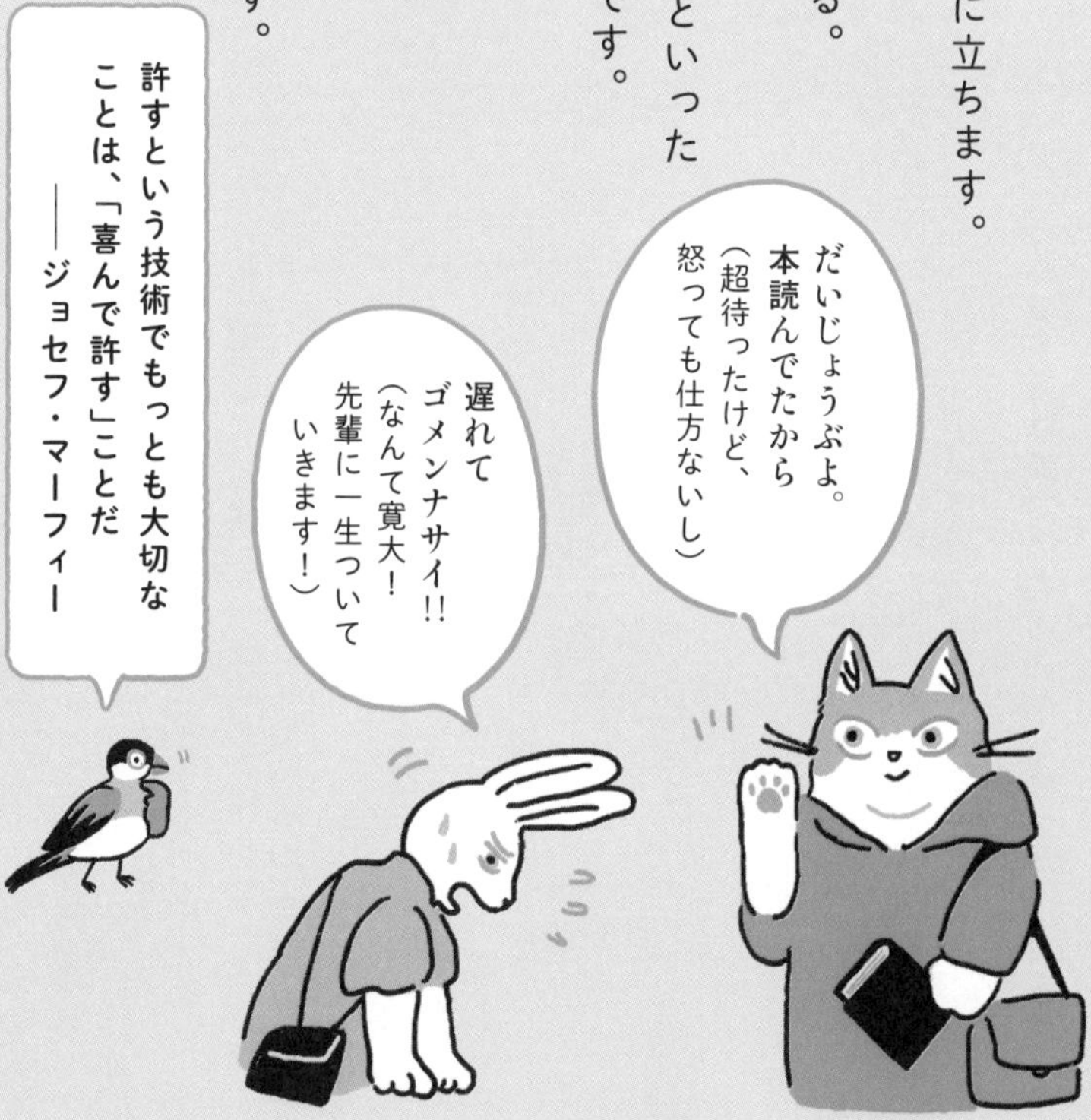

だいじょうぶよ。本読んでたから
(超待ったけど、怒っても仕方ないし)
遅れてゴメンナサイ!!
(なんて寛大!先輩に一生ついていきます!)
許すという技術でもっとも大切なことは、「喜んで許す」ことだ
——ジョセフ・マーフィー

自分の失敗を謝る時に

×私としたことが と少し弁解がましく頭を下げる

○私の力不足で とあくまで謙虚に頭を下げる

自分を高く見積もる言葉に要注意

失敗を謝る時の言い方に、

「私としたことが、こんな失敗をしてしまい、申し訳ありません」

というものがあります。

しかし、この「私としたことが」という言い方は、相手に対して、あまりよい印象を与えないでしょう。

「私としたことが」という言い方は、暗に「私は本当は能力のある人間なので、ふだんは

こんな失敗はしない」と伝えたいという印象を与えるからです。

相手がそのように感じたとすれば、「謙虚さが足りない」と受けとられてしまうこともあるでしょう。

また、相手に、「この人は『私としたことが』と言えるほど、能力がある人なんだろうか」と疑念を抱かせることにもなりかねません。

謝る時は、あくまでも謙虚な姿勢を見せるほうがいいと思います。

「力不足で申し訳ありません。どうぞお許しください」

というような言い方です。

「実るほど　頭《こうべ》を垂《た》れる稲穂《いなほ》かな」ということわざがあります。

稲穂は成熟してくると、その重みで穂先《ほさき》が下へ垂れてきます。

そのように、「人間も、成熟するにつれて謙虚になり、自然と頭を下げることができるようになる」という意味を述べています。

成熟した人間は、たとえ優れた能力があっても、**失敗した時には「力不足で申し訳ありません」と謙虚に頭を下げる**ことができる、ということです。

「私としたことが」といった謝り方は、「そこまで成熟していないのかもしれない」と相手に感じさせる場合があるので、注意したほうがいいでしょう。

仕事が計画どおりにいかず謝る時に

×言い訳はしません
といさぎよさをアピールする

○ご説明させてください
と説明責任を果たす

言い訳と説明をごっちゃにしない

謝罪する時、

「言い訳はしません」

と言う人がいます。

いかにもいさぎよい感じがしますが、しかし、実際には、「説明すべきことは、ちゃんと説明してもらわないと困る」という時もあります。

「こういう事情で、このような経緯《けいい》があって、計画どおりにいかなかった」

と、ちゃんと伝えてもらわないと、「今度からは計画どおりいくように、このような対応策をとろう」などと一緒に考えることができないからです。

「言い訳はしません」と言われると、そこで話が終わってしまって、「では、どうするか」に話が進んでいかない場合もあるのです。

「言い訳はしない」と言う人は、「言い訳」という行為にネガティブなイメージがあるのかもしれません。

それなら、「言い訳ではなく、『では、どうすればいいか』を考えるために説明するのだ」というように認識を変えてもいいかもしれません。

一方で、相手によっては、

「言い訳なんて聞きたくない」

と言う人もいます。

それだけ怒りを感じているのかもしれませんが、こう言われて「わかりました」と引き下がっては、話がそこで終わってしまいます。

ですから、説明すべきことがあるのなら、「お怒りはごもっともですが、一言、ご説明させてください」と言うほうがいいこともあります。

相手が説明を聞いてくれれば、そこから**「では、どうするか」ということを前向きに話し合っていける**ようになると思います。

相手に迷惑や面倒をかけて詫びる時に

×心からお詫びします とだけ謝る

○ご迷惑をおかけしました とつけ加える

相手のこうむった迷惑を思いやる

謝罪の言葉に、

「心からお詫びします」

というものがあります。

確かに、立派な謝罪の言葉であると思いますが、これだけでは何か物足りない印象も感じられます。

何が足りないのかと言えば、

「ご迷惑をおかけしました」

という一言なのです。

「お詫びします」「すみません」「申し訳ありません」「不注意でした」などという謝罪の言葉は述べても、この「ご迷惑をおかけしました」という一言を言い忘れてしまう人は思いのほか多いのではないでしょうか。

しかし、この「ご迷惑をおかけしました」の一言が入るか、入らないかで、ずいぶん印象が変わってきます。

「心からお詫びします。深く反省いたします。以後注意します」

「ご迷惑をおかけしまして申し訳ありません。心からお詫びします」

という二通りの言い方では、やはり後者の、「ご迷惑をおかけしまして」という言葉を入れた言い方のほうが、本当にお詫びしている感じが強く出てくると思います。

この「ご迷惑をおかけしまして」という言葉は、言いかえれば、相手の立場に立って言っている言葉なのです。

こちらのミスで相手がこうむった迷惑を考えて、相手を思いやるからこそ、この「ご迷惑をおかけしまして」という言葉が出てきます。

ですから、「ご迷惑をおかけしまして」という言葉を加えたほうが、心のこもった謝罪になるのです。

遅刻などで謝られた時に

×少し待っただけと「待った」ことは正直に伝える
○本を読んでたと「待った」とは言わず許す

許す時は安心させる一言を加える

アメリカの牧師で、成功哲学本で有名なジョセフ・マーフィーは、こう述べました。

「許すという技術でもっとも大切なことは、『喜んで許す』ことだ」

たとえば、彼氏が約束した待ち合わせの時間に遅刻してきたとします。

もちろん、彼氏は、悪気《わるぎ》があって遅れたのではないのです。

ですから、そのような時は、

「だいじょうぶ。ちょっと待っただけよ」

というような、待たされた事実にふれる言葉は、口にしないほうがいいでしょう。相手によっては、そう言われると、「やっぱり許してくれてないのか」と受けとりかねないからです。

そこから、気まずいデートになってしまうかもしれません。

ですから、大らかな心で、許してあげるのがいいのです。

その際に大切なのは、ただ許すだけではなく、マーフィーの言葉にあるとおり、「喜んで許す」ことです。

「遅れてしまって、ごめんね」

と謝る彼氏に、

「ぜんぜん構わないわよ。だいじょうぶ。読みたかった本が読めたからよかった」

などと、**明るい笑顔で言ってあげる**ほうがいいでしょう。

このように、「喜んで許す」ことができてこそ、イヤな気持ちを引きずることなく、デートを楽しむことができるのではないでしょうか。

この「喜んで許す」ことを、恋人との関係に限らず、あらゆる人間関係のモットーにしてほしいものです。

そうすることで、まわりの人たちと仲よく、楽しくつきあっていけるようになります。

間違い電話を謝られた時に

× 気をつけてくださいね と注意して忘れる

○ ご縁がありましたらまた と縁をつないでおく

どんな時もさわやかな印象を残す

ある人が、うっかり間違い電話をしてしまい、「申し訳ありません」と謝りました。
すると、相手は怒るどころか、こう言ったそうです。
「ご縁がありましたら、またどうぞ」
これを聞いて、その人は、とてもさわやかな気分になったということです。
この「ご縁がありましたら」というのは、許しの言葉として非常にいいと思います。
人と人とは「縁」というもので結ばれています。

そして、「失敗をして迷惑をかける」ということも、人と人とを結ぶ縁のひとつなのです。

ならば、迷惑をかけられた相手との縁も、大切にしていくべきです。

もしも、そこで、

「気をつけてくださいね」

「まったく迷惑ですよ」

などと怒ったりしたら、縁は切れてしまうでしょう。

それは、とても残念なことではないでしょうか。

どのような縁であれ大切にするのが、人間関係を育てていくことになるのです。

中国のことわざに、こういうものがあります。

「愚かな人間は、人と人との縁に気づかない。

普通の人は、人と人との縁を生かせない。

賢明な人は、どのような縁であれ、人と人との縁を大切にする」

間違い電話にも「ご縁がありましたら、また」と言える人は、この中国のことわざにある「賢明な人」に当たると言えます。

そして、人間関係で幸せになっていく人なのでしょう。

許せないほどの迷惑や面倒をかけられた時に

× なぜ、そうなったの？

と理由を聞く

○ 気にしなくていいよ

と許すことで反省をうながす

寛容に対応したほうが相手は深く反省する

人間は、時に、「許せない」という気持ちになることがあります。

特に、自分が、相手から大きな迷惑を受けた時には、そのように感じるものではないでしょうか。

しかし、「許せない」という思いからは、さまざまなネガティブな感情が生まれてくることを忘れてはいけないと思います。

それは、怒り、恨《うら》み、いらだち、欲求不満といった感情です。

そのようなネガティブな感情は、自分の心を苦しめ続けます。

苦しみを手放し、安らかな気持ちで今後の人生を過ごしたいのであれば、許せないと思う相手であっても、「許す」ことを心がけてみることが大切です。

そして、もし「許す」ことができた時は、自分の心が平安に満たされていくのを実感できるのではないでしょうか。

たとえば、身近な人の失敗で、自分が迷惑をかけられたとしても、

「なぜ、そうなったんだ？」

と、相手に怒りをぶつけるのではなく、

「よくあることだから、気にしなくていいよ」

という言葉で、許してあげるのです。

相手も、このように寛容な心で許されたほうが、素直に「この人には、もう二度と迷惑をかけられない」と反省してくれるのではないでしょうか。

そして、何よりも自分自身が、怒りという感情に振り回されて苦しむことなく、心安らかでいられるのです。

古代ギリシャの悲劇詩人であるエウリピデスは、「許してあげることが大切だ。人間はしょせん人間であり、人間は過《あやま》ちを犯すものなのだから」と述べました。

これは、人を許すために参考にできる言葉だと思います。

相手が大失敗をしてしょげている時に

×反省はしたほうがいいね

とアドバイスする

○あまり自分を責めなくていいよ

と逃げ道をつくる

追い詰めるよりも許すことに比重を置く

許すことを、英語で「フォーギブ」と言います。

この「フォーギブ」のつづりの順番を変えると、「ギブ・フォー」になります。

この「ギブ・フォー」には、「与える」という意味があります。

つまり、英語の「許す」という言葉には、裏を返せば、「与える」という意味も含まれているのです。

そう考えていくと、「許すことは、与えることだ」と理解してもいいでしょう。

では、何を与えるのかといえば、それは、愛情です。

また、期待であったり、安心感であったりする場合もあるでしょう。

許すことで、相手は「自分が愛されている。期待されている」ということを感じとって、大きな安心感を得ることができます。

そして、「自分に愛情を寄せてくれている人の期待に応えたい」という意欲を強くするものです。

ですから、人を許すことは、人間関係において、とても大切なことなのです。

大きな失敗をした相手に対して、時には、

「反省はしたほうがいいね」

と厳しくアドバイスすることもあるでしょう。

しかし、それと同じように、

「あまり自分を責めなくていいよ」

「次にまたがんばれば、いいじゃないの」

と、やさしい言葉で許してあげることも忘れないようにします。

どちらかといえば、**厳しく接するよりも、許すことに比重を置いていくほうが**、おたがいの人間関係のためにはいいのです。

第3章

社交・挨拶の言葉

こんな一言に落とし穴が！

×うっとうしい雨ですね

↓言いかえは56ページ

挨拶《あいさつ》ひとつで「この人はデキる」「この人は性格悪そう」
といったことが透《す》けて見える。
そういうことの積み重ねが
「社交力」「人望力」という見えない磁力《じりょく》を強めもし、
弱めもします。
本当に、「挨拶ひとつもおろそかにできない」のです。

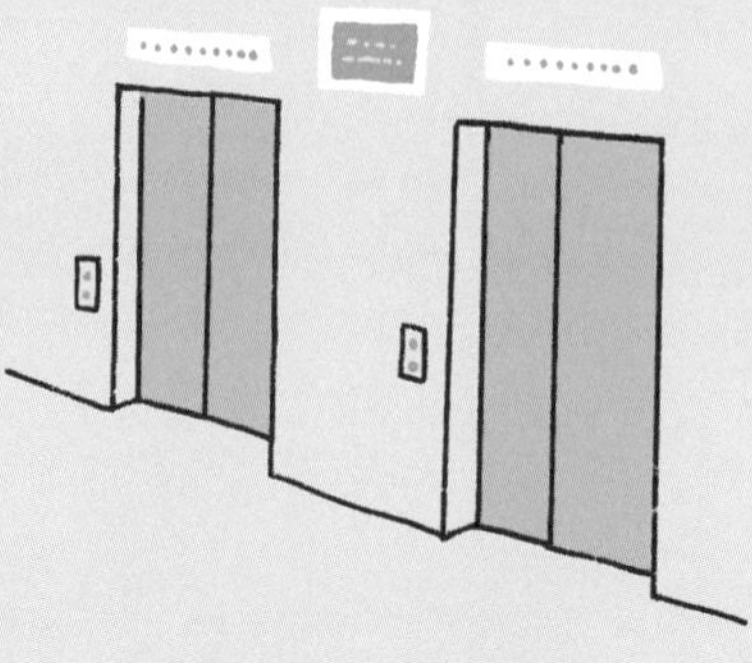

ネガティブな言葉を慎重に取り除いていきましょう。
挨拶や社交の言葉は短く、
いわば瞬間芸のような印象づけが必要です。
ネガティブな言葉の入る余地はありません。

別れぎわも大切です。
「もう二度と会えない」という気持ちで
笑顔と言葉を投げかけます。
「社交辞令は尽くした」と
気を抜いてはいけません。
別れを再会のスタートととらえるのは
社交の鉄板コンセプトです。

また近々
あれっ、「ぜひまたお目にかかりたい」くらい言ってほしい……
別れぎわの挨拶での「特別な一言」が、関係を深めるコツ

悪天候の話題で挨拶してきた人に

×うっとうしい雨ですね

と思ったまま応える

○空気がしっとりしていいですね

と言葉をひと工夫する

挨拶ひとつでもネガティブな言葉は避ける

挨拶のお決まりの話題に、「その日の天候」があります。

天候は、当然のことながら、いい日があれば、悪い日もあります。

この際、たとえ天候が悪い日であっても、あまりネガティブな言い方はしないほうがいいでしょう。

ポジティブ心理学の考え方のひとつに、「ネガティブな言葉を、ポジティブな言葉に言いかえる」というものがあります。

ポジティブな言葉に言いかえることで、**挨拶された相手も、また、挨拶した人自身も、前向きな気持ちになれる**からです。

反対に、ネガティブな言葉を口にすると、気持ちがうしろ向きになってしまうのです。

ですから、たとえその日があいにくの雨で、相手からの挨拶に悪天候をぼやく言葉が入っていても、

「朝から、うっとうしい雨ですね」

などと、ネガティブな言葉を返さないほうがいいと思います。

「空気がしっとりしていいですね」

「久々に恵みの雨ですね」

などと、ポジティブに言いかえます。

その日がカンカン照りの日で、

「イヤになるほどの暑さですね」

と挨拶されたとしても、

「晴れると、一日いいことが起きそうな気がします」

などと言いかえます。

このように、ネガティブな言葉をポジティブな言葉に言いかえて挨拶することができる人は、誰から見ても印象がいいのです。

長く会っていなかった友人や知人に

×お久しぶり と だけ挨拶する
○元気そうでうれしい と喜びの言葉を加える

感情を言葉にすると、その感情は倍増する

長く会っていなかった友人や知人と再会した時に、よく使われる挨拶に、

「お久しぶり」

というものがあります。

この「お久しぶり」は、もちろん、悪い言い方ではありません。

ただ、もう少し言葉を加えるほうが、再会の喜びが、より強く相手に伝わるのではないでしょうか。

たとえば、

「元気そうでうれしい」

「ずっと会いたいと思っていた」

「全然お顔を見られず、寂しかったですよ」

といった言い方です。

このような言葉を加えるだけで、相手に好印象を与える挨拶になると思います。

古代中国の思想家である孔子《こうし》は、こう述べました。

「親友が遠くから訪ねて来てくれる。なんと楽しいことだろう」

孔子が言うように、いい友人と久しぶりに再会するのは、とても楽しいことだと思います。

ですから、「楽しさ」「うれしさ」「喜び」といった感情を相手に伝えるために、言い方に工夫をしてみるのです。

そうすることで、再会を有意義なものにできるし、相手との関係もいっそう深まっていきます。

仲のよかった友人や知人であっても、仕事の都合などで長いあいだ会えないでいる、ということもよくあります。

そんな相手との再会を喜ぶ言葉を挨拶につけ加えるといいのです。

名前は知っていたが初対面の人に

×お噂はかねがねと定番の挨拶ですませる
○ご活躍と伺っていますとほめ言葉を加える

「いい評判を聞いていた」ことを強調する

対人心理学では、いい人間関係をつくるには、第一印象が大切だと言われています。

特に、初めて会う人に、いい第一印象を与えることができれば、その後も円満な関係を保っていきやすくなります。

反対に、第一印象が悪いと、その後、その人との関係が深まっていかないことになるかもしれません。

では、どうすれば初めて会う時の印象をよくすることができるのかと言えば、重要なポイントになるのが、挨拶の言葉です。

初めて会う人との会話は、挨拶から始まります。

その言葉が、第一印象としてインプットされる可能性が大きいのです。

初対面の人への挨拶の定番として、

「お噂《うわさ》はかねがね承《うけたまわ》っております」

「ご高名は上司の○○より伺《うかが》っておりました」

というものがあります。

もちろん、これはいい言葉なのですが、定番であるだけに、一言をつけ加えるほうが、ポイントが高くなると思います。

また、人によっては、「お噂はかねがね」だけだと、**「悪い噂を聞いていたのでは？」と受けとってしまう場合があるか**もしれません。

ですから、「いい噂を聞いていた。だから、お会いしたかった」ということを、しっかり相手に伝えるほうがいいでしょう。

「大活躍のごようすですね」

「第一人者だと承っており、ぜひ一度お目にかかりたいと思っておりました」

というようにです。

こういう一言が挨拶に加わることで、第一印象がとてもよくなるはずです。

いい関係をつくりたいと思う人に

×また近々と再会の希望を匂わせる
○お目にかかれるのを心待ちにしていますと再会を強く望む

別れぎわの好印象は関係を深めるコツ

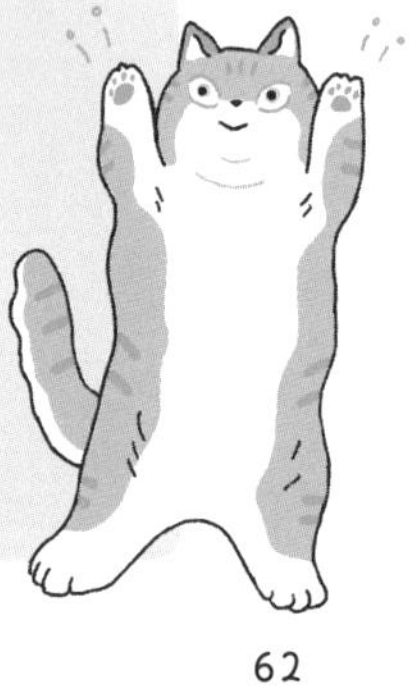

初対面の相手にいい印象を与える方法として、ひとつには、最初の挨拶の印象をよくすることがあげられます。

そして、もうひとつ、別れぎわの印象をよくするのも、大切なポイントになります。

これは、必ずしも初対面の場合だけに限らないと思います。

別れぎわの印象がいいと、そのいい印象が、その後も長く持続するのです。

ですから、相手と、その後も長く、親しくつきあっていけるのです。

ではどうすれば、別れぎわの印象をよくすることができるのかと言えば、ここでもやはり話し方が大切になります。

すなわち、別れぎわの挨拶の言葉が重要なカギとなります。

「では、また近々」

「失礼いたします」

これが、よく用いられるフレーズです。

しかし、この「では、また近々」だけでは、ちょっと、そっけない印象があります。

相手にいい印象を与えるには十分ではないでしょう。

「またお目にかかれるのを、心待ちにしております」

「次もぜひ、いろいろなことをお教えください」

といった、**「ぜひまた会いたい」という気持ちを伝える一言を添える**だけで、別れぎわの挨拶の印象が非常によくなります。

あるいは、

「おかげさまでとても有意義なひとときでした」

「短いあいだに多くのことを教わり、ありがとうございました」

といったように、「出会いに大きな意義や学びがあった」ということを相手に伝えてもいいでしょう。

ほめられるのが苦手そうな謙虚な人に

×あなたはセンスがいい
と直接相手をほめる

○あの人はセンスがいい
と相手の好きな人物をほめる

相手の人柄によってほめ方を変える

社交辞令は、人と人とが円満につきあうために、実はとても大切なものです。人づきあいが広く、まわりの人たちから好感を持たれる人は、皆、社交辞令が上手なものです。

ですから、上手な社交辞令の言い方を身につけることは、たくさんの人たちと円満につきあっていくうえで、欠かせないことになります。

社交辞令でもっとも一般的なのは、「ほめる」ことでしょう。

「めざましいご活躍ですね」

「一流と呼ばれる方にお目にかかれて感激です」

「センスのいい服。あなたはいつもステキね」

といった、ほめ言葉です。

このような社交辞令を言っておくことで、その後の人間関係がスムーズに運んでいくようになります。

しかし、日本人には謙虚で控えめな人柄の人が多いものですから、直接自分のことをほめられると「気恥ずかしい」と感じる人もいるようです。

そのような場合には、相手を直接ほめるのではなく、**相手が尊敬している人や好きな人をほめる**という方法もあります。

「あなたが尊敬する○○さんは、私も一流の人物だとかねがね思っています」

といった言い方です。

また、もっと気軽に、相手が好きだという歌手や俳優の名前を出して、

「あの人は私も大好き。センスがいいですよね」

などと言ってもいいでしょう。

謙虚な人柄の人を相手にする時には、このように「相手が尊敬している人をほめる」「相手が好きな人をほめる」という方法もあります。

第4章

話し合いの言葉

こんな一言が嫌われる！

✕私の場合もね

↓言いかえは80ページ

話し下手と言われる人には、共通の悪い言葉グセがあります。
「でも」「だって」を連発する。すぐに「私は」と自分の話を持ち出す。
「絶対」「違う」といった断定が多い……。

「思い当たるフシがある」と感じた人は、実は、
話し上手になれる潜在力が高いと思います。なぜなら、改善点が明確だから。
「話は肯定から入る」「問いかけ上手になる」

「意見は提案のかたちで述べる」といった
シンプルなスキルを実践していきましょう。

会話には生産性が求められます。
雑談ですら、どれだけ打ち解けられたかを、
私たちは無意識に計測しています。
まして仕事では
合意形成や情報交換が必須。
話の腰を折らないことも、
案外重要だったりするのです。

部長、絶対私の企画しかないでしょう！
「これもアリだと思いませんか？」と聞けば、乗り気になるのに……
「あなたの意見は？」とまず問いかけて。それが「私の意見」を上手に通すコツ

反対意見をぶつけられた時に

×そうでしょうか とついムッとする
○気づかせてもらいました とまず感謝する

「認めない」よりも「認め合い」が生産的

話をしている時、自分の発言に対して、「それはおかしいんじゃないの?」などと反対意見を言われることがあります。
そんな時、人は往々にして、自分を否定されたように感じ、ついムキになり、「そうでしょうか? そうは思えません」「あなたの言っていることこそ、おかしい」と言い返してしまいがちです。

そして、そこから無益な口論が始まることもあります。

場合によっては、それが原因で人間関係が傷ついてしまうこともあるでしょう。

そうならないために大切なのは、「反対意見を言われた＝自分を否定された」という認識の仕方を変えることです。

そうすれば対応も変わって、こんな言い方ができるようになると思います。

「そういう見方もできますね。気づかせてもらいました」

「勉強になる。これからも教えてね」

たとえ自分の考えを否定するような意見でも、大らかな心で受け入れて共感することができるのです。

こうなれば、人間関係も悪化はしないでしょう。

第2章で紹介したアメリカの牧師で、成功哲学本を多くのこしたジョセフ・マーフィーは、「他人と意見が違った時、相手の意見がたとえどんなものであれ、それを認めて共感してあげることが大切だ」と述べました。

他人からどのような意見を述べられようとも、「認める」「受け入れる」「感謝する」意識を忘れないことが、無意味な衝突を避けるコツになります。

考え方が異なる相手であっても共感する姿勢を示すことが、話を円満に進めていく賢明な生き方につながります。

納得できず反論をする時に

×それはどうでしょうと反対を匂わす
○確かにそうですとまずは同調する

相手を肯定してから反論を始める

相手の意見に反論したい、という時があります。

その相手の意見に、どうしても納得できないからです。

ただ、そのような時に、

「しかしですね」

「いえいえ、それはどうでしょう」

などと、**相手の意見を頭ごなしに否定しないほうがいい**と思います。

「しかし」「でも」は、相手のプライドを傷つけてしまう可能性が高い言葉だからです。

したがって、たとえ相手の意見に納得できない点があっても、まずは、

「なるほど、そういう考え方もありますね」

「確かにそうです」

という言い方で、相手の意見を肯定的に受け入れることが大切です。

そういう言い方をすることで、**不快感を与えることなく、相手の意見に反論することができる**からです。

相手の意見を肯定してから、「ところで」「その話を聞いて思ったのですが」といった言い方で、こちらの考えを伝えるのです。

アメリカの政治家であるベンジャミン・フランクリンは、このように述べています。

「相手の意見に反対したり、相手の間違いを非難したりすることによって、相手に勝つようなこともあるだろう。しかし、それは空《むな》しい勝利だ。相手の好意は絶対に勝ち得られないからだ」

話し合いの目的は、相手に勝つことではありません。

あくまでも円満な人間関係を保ちながら、話を進めることです。

そのためには、むやみに反対したり、非難したりするのではなく、相手の意見を肯定的に受け入れながら話していくようにします。

自分の考えを通したい時に

×これしかないと思います
と断定形で言う

○これもあると思いませんか？
と疑問形で言う

断言を減らすと話は発展しやすい

自分の考えを相手に伝える時に、

「絶対にこうだと思います」

「間違いなくこれしかないです」

といった言い方をする人がいます。

このような「絶対に」「間違いなく」という言い方は、それだけ自分の考えに自信を持っている証《あか》しなのかもしれません。

しかし、その一方で、意見の押しつけになりかねないので、注意が必要です。押しつけになってしまうと、相手は反感を抱くことにもなりかねません。

そうすると、その後は必ずしもいい話し合いにはならないと思います。

また、自分としては絶対に正しいと思っていたことが間違いだったことに、あとになって気づく場合もあり、そうなれば、恥ずかしい思いをするだけです。

アメリカの政治家であるベンジャミン・フランクリン自身、このように実践しています。

「私は、断定的な意見を意味するような言葉、たとえば、『絶対に』とか『間違いなく』などという言葉はいっさい使わないことにした。その代わりに『自分としてはこう思うのだが』とか『私にはそう思えるのだが』と言うことにした」

こうした、

「私はこう思うのですが」

「これもあると思いませんか？」

という言い方をするほうが、印象が柔らかになります。

そして、相手も、こちらの意見を柔軟に受け入れやすくなるものです。

そこから、話し合いが深まっていくことにもなるでしょう。

同じ話をくり返された時に

×前にも伺いましたね とさりげなく指摘する
○いいお話です と同調しながら聞き続ける

聞き上手は話の腰を折らない

円満な人間関係を築いていくコツのひとつに、「聞き上手になる」ことがあげられます。

アメリカの思想家で、多くの人間関係本を書いたデール・カーネギーは、「聞き上手は、人間関係の潤滑油《じゅんかつゆ》である」と述べました。

この「潤滑油」という言葉には、「人間関係を円満、円滑にしていくための大切な要素」であるという意味があります。

人間は、自分の話を誠意を持って聞いてくれる人に、自然に好感を持つものです。

ですから、聞き上手な人は、会社の同僚であれ、友人や仲間同士であれ、まわりの人たちと仲よくつきあっていけます。

そして、まわりの人たちと仲よくつきあっていくことは、自分自身が日々幸福な気持ちで暮らしていくためにとても大切なことなのです。

ですから、カーネギーは、この言葉で、「**自分の主張ばかりするのではなく、まずは相手の話をよく聞くように心がけること**が大切だ」と指摘したのです。

時に、人の話を聞きながら、

「その話なら聞きました」

「あっ、そう」

などと、そっけない言い方をする人がいます。

これでは聞き上手にはなれず、まわりの人たちと仲よくつきあっていくこともできないでしょう。

たとえ聞いたことのある話であっても、

「いいお話です」

「それは面白い。あなたの話は学びが多いよ」

などと上手に同調するのが聞き上手になるコツであり、また、円満な人間関係を築いていくうえでも大切なことになります。

「言った」「言わない」と話がもつれた時に

×言ったと思うと自分の主張にこだわる
○言葉足らずだったかもしれないと一歩譲る

自分が退くことで話の生産性を高める

仕事で、

「あなたは以前、『この取引は難しい』なんて一度も言わなかったよね」

「えっ？　何度も言ったと思いますが」

といったことでギクシャクすることがあります。

自分は「言ったはず」「確かに約束した」と思っているのに、相手が「聞いていない」「覚えがない」と言うことはよくあります。

そして、「言った、言わない」の口論に発展していくこともあるのです。

このようなことは、仕事の人間関係、友人や夫婦、親子での関係など、あらゆる人間関係で、よくあるシチュエーションではないでしょうか。

しかし、こうしたことで、大切な人との関係が悪くなっていくのは、とても残念なことです。

したがって、このようなケースでは、相手の言い分に反論する前に、自分の非をいったん認める言葉を言っておくのがいいと思います。

「言葉足らずだったかもしれないけど」

「私の言い方が悪くて、誤解されてしまったかもしれませんが」

といったように、まずは自分の非を認めておくのです。

そのうえで、

「もう一度、よく話し合いましょう」

という話を持ち出します。

自分の非を認めるという謙虚さを示すことで、相手も柔軟にこちらの言うことを聞き入れてくれるようになります。

「言った、言わない」の無益な水かけ論で、大切な時間を浪費することも避けられるのではないでしょうか。

無理な要望をされた時に

× そんなことを言われましても

と困った表情で暗に断る

○ 条件を変えられませんか？

と妥協案を探ってみる

相手の事情に配慮しつつ落としどころを探す

話の中で、無理な要望をされることがあります。

できないことは、できないと答えなければなりませんが、その際の言い方には工夫が必要です。

「恐縮ながら、それは無理です」と頭からこばむのは、もちろんいけないと思いますが、

「そんなことを言われても困ります」

という言い方も、あまりよくないでしょう。

この言い方は、「そんな要望を無理じいしないでください。こちらの苦労も考えてください」といったネガティブな印象を与える可能性があります。

もしそうなれば、相手との関係にスキマ風が吹くことになるかもしれません。

ですから、たとえ要望を受け入れないにしても、まずは、相手に配慮する姿勢を見せるほうがいいでしょう。

「そちら様のご事情はよくわかります」

「確かに、ごもっともなお話ですね」

といった言い方です。

そのうえで、

「こちらの事情を申しあげますと」

と、要望に応えられない理由を十分に説明するのです。

さらに、続けて、このように妥協案を出すのがいいでしょう。

「ここまでは要望にお応えできますが、それ以上は厳しいです」

「条件を変えられませんか。たとえば、一週間ほどお時間をいただくとか」

そうすれば、思いがけず相手が「それで結構です」と言ってくれる場合もあります。

大切なのは、「あなたの事情もよくわかる」という一言をつけ加えておくことです。

この一言があるだけで、話がギクシャクすることなく運んでいくでしょう。

相手の話に自分の話をはさみたい時に

×私の場合もね
といきなり相手の話に割り込む

○それは楽しい話だね
とまず相手の話をほめてシメる

話を聞いてこそ話を聞いてもらえる

会話はキャッチボールです。

「聞き上手になることが大切だ」とよく言われますが、それはまったく発言せず、ただ相手の話を聞いていればいい、ということではありません。

そんなことをしたら、相手から「つまらない人」と思われることになります。

タイミングよく、適度に、自分の話を織り交ぜていく必要があると思います。

自分のほうからも楽しい話ができてこそ、相手への印象がよくなります。

ただ、どのようなタイミングと言い方で、相手の話を引きとって自分の話を始めるかは、工夫が必要になるでしょう。

特に日常的な会話では、相手が最後まで話し終わっていない段階で、

「だから私の場合もね」

「で、私なんてねえ」

と割り込んで、自分の話を始める人がいます。

これは、あまり印象がよくありません。

基本的には、まずは、相手の話を最後まで聞いたうえで、

「それは楽しい話だね。ところが、私なんかはね」

「なるほどね。実は私にも、こんな経験があって」

という簡潔な言い方をするのがいいでしょう。

最後まで相手の話を聞く→相手の話を「楽しかった。納得した」とほめる→簡潔に自分の話をする、という手順で進めていきます。

つまり、自分の話を始める前に、相手の話をよく聞いたうえでほめるのです。

これで、スムーズに話のキャッチボールが進んでいきます。

「楽しいお話でした」とほめられることで、今度は、相手がこちらの話を熱心に聞いてくれることにもなるでしょう。

第5章

空気を変える言葉

こんな一言は効果薄！

×過ぎたことじゃないか

↓言いかえは86ページ

時間が切迫しているのにチームはトラブル続き。
誰かが「もう時間がない」と暗くつぶやく。
「まだ時間はあるよ」と**明るく言えば**
空気は変わるのに、言えなかった……。

部下の提案にOKを出した。
「任せるなら信じろ」がモットーなのに、

つい不安になって「だいじょうぶだろうね？」
と言ってしまった。
部署の全員が耳をそば立てている中で……。

場の空気は、よどんだり凍ったりしがちです。
その都度入れかえしたほうが、
人間関係や仕事の効率は格段によくなります。
でも、雰囲気の気圧は強く、
変えるのは難しく感じられます。
そんな時ほど、「言いかえ力」を
活用しましょう。大切なのは、
臆病に支配されない
言葉選びです。

新企画、やっていいけど、だいじょうぶだろうね？
うぁー、課長にどんだけ信用されてないの！「やってみなさい！」と言って……
信頼するなら、心配は口に出さないこと

失敗に心がとらわれてしまっている人に

×それはマズかったね
とマイナスの言葉で慰める

○いい勉強をしたね
とプラスの面に気づかせる

空気を変えるには希望を与える

江戸時代、鍋《なべ》島《しま》藩《はん》（現在の佐賀県）の武士に、山本常《つね》朝《とも》という人物がいました。

この山本常朝は、

「誰であれ、不幸せな人がいた時には、通り過ぎてしまうのではなく、その人のもとに立ち止まって、話を聞いてあげて、お見舞いを言って慰めてあげるのがいい」

と述べています。

そうやって、相手を選ばずに慰めの言葉をかけることで、まわりの人たちとの関係がみるみるよくなっていきます。

そうすると、自分自身が落ち込んでいる時も、まわりの人たちからやさしく慰めてもらえる、ということなのです。

たとえば、仕事で失敗して、「上司に叱られた」と落ち込んでいる人がいたとしましょう。

そういう人に対しては、

「いい勉強をしたね」

と、プラスの言葉をかけます。

つまり、失敗から学んだ教訓を生かすことで、もっといい仕事ができて、挽回《ばんかい》ができる、ということに気づくきっかけをつくるのです。

発想を転換すれば、「失敗する」「叱られる」というマイナスの経験にも、「学べる」「次の成果につながる」というプラスの側面があると言って慰めるのです。

たとえ相手が親しい人であっても、

「それはマズかったね」

といった言い方はしないほうがいいでしょう。

相手は、マイナスの面ばかりに気持ちが向いているので、気持ちをますます落ち込ませてしまうことになるからです。

間違いをして笑いものになった人に

×過ぎたことじゃないか
と忘れさせようとする

○場がなごんだことはよかった
と意味づけをして慰める

プラスの面に気づかせる

スピーチやプレゼンテーションなどで、「言い間違いをして、参加者たちから笑われてしまった」と落ち込んでいる人がいたとします。

そんな人に対して、

「過ぎたことじゃないか。気にしない、気にしない」

などと慰めても、相手の心の傷はよくならないでしょう。

落ち込んでいる人の心をプラスの方向に向けてあげるのであれば、

「その場がなごんだんだから、それはそれで、よかったじゃないか」

「参加者だって、そんな経験があったはず。だから、あなたに親近感を持ったと思う」

という言い方をするほうがいいと思います。

つまり、人から笑われるのは、必ずしも悪いことではなく、プラスの側面があるという面に目を向けさせてあげるのです。

そのような**プラスの言葉を投げかけることは、相手といい人間関係を築いていくことにもつながります。**

結婚式でよく行われる「誓いの言葉」に、次のような言葉があります。

「その健《すこ》やかなる時も、病める時も、喜びの時も、悲しみの時も、富める時も、貧しい時も、これを愛し、これを敬《うやま》い、これを慰め、これを助け、その命ある限り、真心を尽くすことを誓う」

この「相手を愛し、敬い、慰め、助け、真心を尽くす」ことが大切なのは、夫婦のみならず、友人同士の関係、職場での関係など、あらゆる人間関係でも言えることでしょう。

特に、相手が不幸な時には、プラス面に気づかせる言葉で慰めることが、とても大切になるのです。

意欲的な提案をしてきた部下に

×だいじょうぶか？と心配する
○やってみなさいと信頼する

信頼が意欲を高める

日頃から意欲のある部下が、「こんな仕事をやってみたい」と、企画を持ってきました。

その時に、

「難しいんじゃないか？」

「だいじょうぶだろうね？」

と、心配する言葉を口にしてしまう上司がいます。

しかし、そのような言葉は、部下のやる気を奪う可能性があるので、あまり口にしないほうがいいと思います。

上司は責任者ですから、その仕事がうまくいくか心配したくなるのはわかります。しかし、部下とすれば、「私を信用していないのだろうか」「能力を疑っているのかもしれない」と、ネガティブな気持ちになるでしょう。

そうすれば、仕事にかける意欲も弱まることになります。

飲料メーカーのサントリーを創業した鳥井信治郎《とりいしんじろう》は、部下の提案に対して否定的な言葉は口にしなかった、と言います。

この鳥井信治郎には、こんな口グセがありました。

「やってみなはれ」

これは大阪弁ですが、標準語に直せば、

「やってみなさい」

「とりあえずやってみよう。やってみなければわからない」

ということでしょう。

鳥井信治郎は、部下の提案を実行に移す時は、よけいな心配など口には出さず、その部下を全面的に信頼して「やってみなさい」と、すべてを任せていたのです。

「だいじょうぶか？」よりも、「やってみなさい」のほうが、部下の意欲をより高めるのに効果的な言い方なのは明らかでしょう。

仕事が困った状況であせっている人たちに

×もう時間がない と自分も悲鳴をあげる
○まだ時間はある と空気を変えてみる

楽観的なほうがものごとはうまく進む

ポジティブ心理学に、楽観的な気持ちを持つほうが、人生がうまくいくという考え方があります。

たとえ困った状況に陥っても、あまり悲観的にならないほうがいいのです。

意識して楽観的でいるほうが、苦境から早く抜け出すことができます。

では、どうすれば楽観的になれるかと言えば、楽観的な言葉をたくさん口にすることが効果的です。

仕事をみんなでやっている中で、困った状況になり、おたがいに暗い目を見合わせるような空気になることがあります。

そんな時でも明るい表情を保ち、元気な声でこんなふうに語りかけるようにするのです。

「まだ時間はあるよ」

「ここを乗り越えたら、みんなで楽しいことをやろうよ」

そうすることで自分自身の気持ちが楽観的になりますし、その場にいる人たちの心も軽くなります。

その結果、活力がわいて、困った状況を乗り越えていくこともできるのです。

しかし、まわりの人たちに対して、ついつい悲観的なことを言ってしまう人もいます。

「まいったなあ。万事休すだね」

「ああ、もう時間が迫ってきた。どうにもならない」

といったようにです。

そうすると、自分ばかりでなく、まわりの人たちの気持ちも暗くなってしまいます。

その場が暗い空気に包まれてしまい、活力もわいてきません。

そのため、困った状況からいつまでも抜け出せないことにもなりかねないでしょう。

楽観的な気持ちを持つほうが、仕事も人生もうまくいくのです。

よどんだ雰囲気になっている人たちに

× こんな仕事のどこが面白いの?

と心の声をそのまま言う

○ こうすれば面白くなりそう

と周囲の空気を意識して言う

空気は言葉で変えられる

話の中にネガティブな言葉が多いと、まわりの人たちから嫌われる原因のひとつになると思います。

「こんな仕事のどこが面白いの? イヤになる」

「やってられないよ。やる気にならない」

「世の中、どうなってしまうのか。お先、真っ暗だよ」

といったネガティブな言葉が話の中にひんぱんに出てくると、聞いている人の心も暗くなってしまいます。

そのために、その場の空気も悪くなってしまうのです。

このように、ネガティブな言葉で心を暗くし、空気を悪くする人が、まわりの人たちから好かれるわけがありません。

まわりの人たちに好かれる人は、いつでも、ポジティブな言葉をたくさん使っているようです。

ポジティブな言葉は、聞いている人の心を明るく、元気にします。

その場の空気も活力に満ちてきます。

したがって、どんな時でも、ポジティブな言葉を多く口にすることが大切です。

「この仕事、こうすれば面白くなるんじゃない？」

「夢があるね」

「ワクワクする」

といった言葉です。

ポジティブ心理学の教えのひとつに、「**ポジティブな言葉は自分自身の心を元気にするばかりか、まわりの人たちの心も元気にする**」というものがあります。

ですから、ポジティブな言葉を使って、まわりの人たちの心に、元気というエネルギーを注ぎ込んでいくことが必要です。

新しいことを始めたいと言う子どもに

×長続きするかなあ？と心配する
○いいことを思いついたねと期待する

否定的な言葉は相手に悪影響を与える

心配事を口にすると、心配が現実のものになってしまう、ということがよくあります。

たとえば、子どもが、「上達したいから」と、スポーツや習い事の教室に通い始めたいと言い出します。

そんな子どもに対して、親が、このように心配事を口にすることがあります。

「あなたは飽きっぽいけど、今度は長続きするかなあ？」

しかし、そのような否定的な言葉を口にすると、子どもは心理的に悪い影響を受けてしまいがちです。

習い事教室に通い出しても、途中で挫折《ざせつ》してしまうことになりかねないのです。

そんな子どもに対して、また、

「ほら、言ったとおりじゃない」

などと否定的な言い方をすれば、子どもはさらに自信をなくすことになるでしょう。

ポジティブ心理学には、「**希望的な言葉が、相手の意欲を高めるのに役立つ**」という考え方があります。

したがって、教室に通いたいという意欲を見せる子どもに対しては、

「いいことを思いついたね」

「きっと上達するよ」

と、希望を与えるような言い方をしたほうがいいでしょう。

このような前向きの言葉で語りかけてあげれば、その子どもはいっそう意欲的になり、挫折することなく、教室に通い続けることができるかもしれません。

さらに、

「すごい。先が楽しみだ」

といった希望の言葉を投げかければ、子どもの自信はさらに高まるでしょう。

ですから、心配事があっても、それを「希望の言葉」に言いかえることが大切です。

商談を成立させたい顧客や取引先に

×入らないと損です、安心できませんと不安をあおる

○入るとお得です、安心できますとプラス面を強調する

悲観的な言葉は相手の「ノー」を招く

アメリカの心理学の調査に、次のようなものがあります。
生命保険の外交員について行われた調査です。
まず、外交員たちの性格について調べました。
「楽観的な性格の人」と「悲観的な性格の人」に分類したのです。
それに基づいて、性格と、仕事の成果に、どのような関係があるかを調べました。
すると、同じように商品の説明をしても、「悲観的な性格の人に比べて、楽観的な性格

の人のほうが、保険販売の成績がよかった」という結果が出たのです。

なぜそのような結果が出たかというと、その理由のひとつは、使う言葉にありました。

楽観的な性格の人は、お客さんに対して楽観的な言葉を多く使う傾向があるのです。

「保険に入っていれば、安心です」

「今の生活を楽しめます」

「こちらの保険がお得だと思います」

というようにです。

このように楽観的な言葉で説明されるほうが、保険に対する印象がよくなります。

「入っておこうか」と、その気になる可能性も高まるのです。

一方、悲観的な性格の人は、お客さんに対して、悲観的な言葉を使いがちです。

「保険に入らないと、損ですよ」

「生活を心から楽しめますか？」

「入らないと不安ですよね」

といったようにです。

セールスしようとしているのですが、使う言葉がネガティブになってしまうのです。

これでは、お客さんもなんとなく気持ちが沈んで、契約にもつながりにくいでしょう。

人を説得したい時には、楽観的な言葉をできるだけ多くしたいものです。

第6章

感謝する言葉

こんな一言に要注意！

×お話ありがとうございました

↓言いかえは102ページ

ビジネスは、**正確な数字と、心からの感謝**のふたつで回っています。

断られても、クレームをつけられても、

「おかげさまで、ありがとうございます」。

不満があっても、残念なことがあっても、

「おかげさまで、ありがとうございます」。

人間は、**「この人は本当に感謝している」と感じると、その人のために何かをしてあげたくなるもの**なのです。

逆に、通り一遍《いっぺん》の感謝ですませるたびに、
相手の心は離れてしまいます。
それだけに、表現の豊かさが必要です。
難しくはありません。
前述のように「おかげさま」を
感謝の常用語彙《ごい》に加えるだけでもいいのです。

ありがとう。でも、キミもう帰っちゃうのね
「休日に、引っ越し手伝ってくれてすまないね」って言うのが普通じゃない？
たとえ不満でも……、要求水準を上げないほうが、相手も自分もハッピーになれる

仕事で好意的な声かけをしてくれた人に

×まだまだです と謙遜する
○おかげさまで と感謝の言葉を返す

多くの力に支えられていることを忘れない

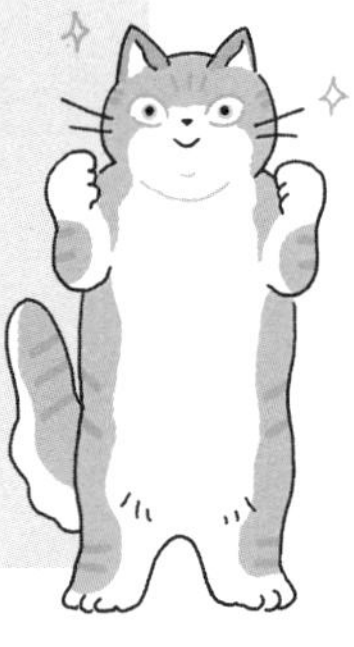

「おかげさまで」という感謝の言葉があります。

たとえば、仕事の関係者から、「あなたが担当しているプロジェクト、うまくいっているみたいですね」と、声をかけられます。

そんな時に、

「おかげさまで」

と、受け答えするのです。

郵便はがき

料金受取人払郵便

小石川局承認

1063

差出有効期間
2022年9月9日
まで

112-8731

東京都文京区音羽二丁目
十二番二十一号

講談社
第一事業局企画部
行

★この本についてお気づきの点、ご感想などをお教え下さい。
(このハガキに記述していただく内容には、住所、氏名、年齢などの個人情報が含まれています。個人情報保護の観点から、ハガキは通常当出版部内のみで読ませていただきますが、この本の著者に回送することを許諾される場合は下記「許諾する」の欄を丸で囲んで下さい。

このハガキを著者に回送することを　許諾する　・　許諾しない)

TY 000069-2009

愛読者カード

今後の出版企画の参考にいたしたく存じます。ご記入のうえご投函ください（2022年9月9日までは切手不要です）。

お買い上げいただいた書籍の題名

a　ご住所　〒□□□-□□□□

b　お名前《ふりがな》

c　年齢（　　　　）歳

d　性別　1 男性 2 女性

e　ご職業（複数可）　1 学生　2 教職員　3 公務員　4 会社員(事務系)　5 会社員(技術系)　6 エンジニア　7 会社役員　8 団体職員　9 団体役員　10 会社オーナー　11研究職　12 フリーランス　13 サービス業　14商工業　15自営業　16農林漁業　17主婦　18家事手伝い　19ボランティア　20 無職　21その他（　　　　）

f　いつもご覧になるテレビ番組、ウェブサイト、ＳＮＳをお教えください。いくつでも。

g　最近おもしろかった本の書名をお教えください。いくつでも。

この「おかげさまで」という感謝の言葉を上手に使える人は、とても印象がいいように思います。

「おかげさま」は、漢字で書くと「御陰様」になります。

この「陰」には、「神仏から受ける恩恵」という意味があります。

そこには「はっきり目には見えないが、人は神仏からさまざまな恩恵を受けながら生きている」という意識があるのです。

その恩恵を意味する「陰」に「御」と「様」という敬意を表す言葉をつけて、感謝する気持ちを表現しているのです。

仕事などがうまくいく時も、さまざまな恩恵を受けているはずです。

同僚の協力や、お客さんたちの支持、上司のバックアップなどです。

そのような人たちに対して、「おかげさま」という言葉で感謝の気持ちを表すのです。

そして、そんな感謝ができる人は、印象がいい人でもあるのです。

時に、「うまくいっているね」と言われて、

「いえいえ、私などまだまだです」

と、謙遜《けんそん》した言い方をする人もいます。

そのように謙遜することも悪くないのですが、それ以上に、「おかげさま」という言葉で感謝を表すほうが、まわりもまた応援したくなります。

熱心に話をしてくれた人に

×お話ありがとうございました

とお礼を言う

○幅広い知識に感服しました

と実感をこめて伝える

「決まり文句」は社交辞令として力不足

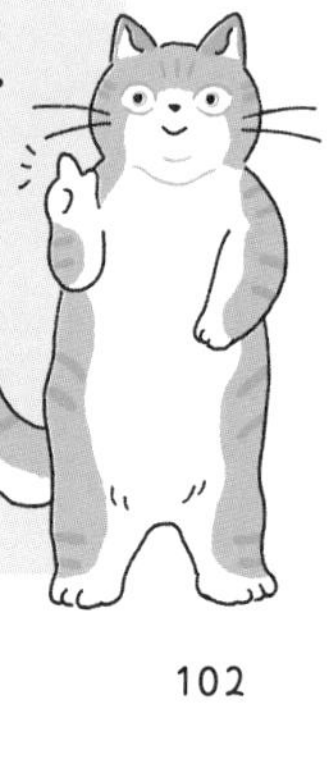

自分のことばかりベラベラとしゃべるよりも、相手の話に熱心に耳を傾けることができる聞き上手な人のほうが、相手から好かれます。

そして、相手がしてくれた話に対して、

「なんと幅広い知識をお持ちなのかと、感服しました」

「伺った〇〇という言葉は、私の座右《ざゆう》の銘《めい》にしたいと思います」

といった具体的な感想を、実感をこめて言うことができれば、なおさら好印象を得られるでしょう。

一方で、淡々とした口調で、

「お話ありがとうございました」

「長い時間をさいていただき、お礼申しあげます」

といった決まり文句しか言わなければ、好印象を与えられないと思います。

一般的に、聞き上手な人は、好奇心が旺盛《おうせい》なものです。

人に会って、面白いこと、興味深いことを教わりたいという欲求が強いのです。

ですから、人の話に熱心に耳を傾けることができます。

そして、「教わって知恵がついた、役に立った、感激した」という感謝の言葉も自然に口から出てくるのです。

「また教えてほしい」「尊敬している」という言葉も素直に口にすることができるでしょう。

つまり、好奇心旺盛な人の言葉には、実感や本心がこめられています。

そのため、相手からも喜ばれます。

相手は「心がこもった言葉かどうか」を敏感に感じとるものです。

人の話を聞く時は、熱い好奇心を持って聞くように心がけることが大切です。

その心がけは、社交辞令にも、おのずと表れてくるでしょう。

助けてくれた人に

×あ。どうもすみません と照れたように言う

○本当に助かりました ときちんと謝意を伝える

感謝の言葉を省略するのはNG

ポジティブ心理学では、

「感謝の言葉を口にする」

ということがとても重要視されています。

なぜなら、感謝の言葉を口にすることで、言った人自身の心の中で幸福感が増していくからです。

アメリカの心理学の実験で、次のようなものがあります。

実験に参加してくれた人たちの半数に、「毎日一～二分間でいいから、身近な人たちに感謝する時間をつくってください」とお願いしました。

すると、「感謝する時間」をつくった人たちは、そのような時間をつくらなかった人たちに比べて、

「ものごとを前向きに考えられるようになった」

「人生を肯定的に受け止められるようになった」

「自分は幸福だと実感できるようになった」

と回答する人たちが多かった、というのです。

このことからもわかるように、日常生活の中で、

「ありがとうございます。本当に助かりました」

「いつも感謝しています」

といった**感謝の言葉をたくさん口にすることが重要**です。

一方で、「あ。どうもすみません」といった照れたような素っ気ない言い方ですませたりは、しないほうがいいと思います。

そういう言葉は、その人からも、相手からも、幸福感を奪いとるものだからです。

素っ気ない言い方で終わるのではなく、「心から感謝しています」というように、感謝の言葉をきちんと口にしたほうが賢明です。

助けてくれたけど十分ではなかった人に

×これで終わり？
と露骨に残念がる

○ここまでしてくれてうれしい
と要求水準を下げて感謝する

ほどほどのところで満足する

感謝の言葉を上手に口にするためには、「ほどほどのところで満足する」という心の習慣を持つことが大切です。

逆の言い方をすれば、「こうあってほしい」という相手への要求水準が高いと、つい不満が口に出てしまいがちです。

たとえば、人に頼み事をするとします。

しかし、相手がしてくれたことは、期待していた水準には達していませんでした。

そんな時、相手が親しい友人や家族だったりすると、ついつい、

「もう少しやってほしかったなあ」

「これで終わり?」

という言い方をしてしまいがちです。

特に、相手への要求水準が高い場合は、このような不満を言ってしまうことが多いようです。

しかし、こんなことを言われたら、相手も「この人の頼み事は、もう聞いてあげない」という気持ちになるのではないでしょうか。

要求水準を下げて、「ほどほどで満足する」という精神を持っていれば、

「ここまでやってくれて、ありがとう」

「大いに助かったよ」

という言い方もできると思います。

そして、そのように感謝する言葉を口にすることができれば、ほかでもない自分自身が、満足感を持って幸せに生きていけます。

もちろん、まわりの人との人間関係もみるみるよくなるでしょう。

そうなれば、どのような相手とも仲よくつきあっていけます。

願い事を聞いてくれなかった人に

×それくらいやってくれても

とチラッと不満をもらす

○話を聞いてくれてありがとう

とプラスの面を探して礼を言う

感謝をすれば人間関係は傷つかない

感謝する言葉は、人間関係をよくしていくうえで、とても大切です。

人間は、自分の力だけで生きているのではありません。

たくさんの人に支えられて生きているのです。

それだけに、感謝の言葉を述べるのを忘れてはいけないと思います。

言いかえれば、**感謝の言葉を言えない人は、まわりの人たちから嫌われてしまう**ことになりかねません。

それは、自分が生きていくための「支え」を失うということでもあるのです。

感謝の言葉が大切なのは、頼み事を断られた時にも当てはまります。

たとえば、友人や親しい同僚に、「ちょっと、お願いしたいことがあって」と話を聞いてもらったけれど、結局、「無理です」と断られたような場合です。

そのような場合でも、

「それくらい、やってくれてもよさそうだけど」

などと、不満を口にするのではなく、

「話を聞いてくれて、ありがとう」

と、感謝の言葉を言うのです。

そのほうが相手の印象がよく、人間関係がギクシャクすることもないでしょう。

何よりも、自分自身が、

「困った時に、話を聞いてくれる人が、私にはたくさんいる。そんな私は幸せだ」

といった気持ちになれます。

言葉とともに心も切りかえて、幸福感を抱きながら暮らすことも、人間関係を円満にする秘訣でしょう。

「やってくれてもいいのに」などと口にすれば、その人自身が不幸な気持ちになってしまいますから、賢明ではありません。

第7章

依頼する言葉

こんな一言にご用心！

×今忙しいので代わりにお願い

↓言いかえは112ページ

「断ってくれてかまいません」。これが依頼の基本的な心がまえです。

もちろん口には出しません。たとえ**断られても、話を聞いてもらえただけありがたい**と心に決めて依頼に臨むのです。

「この前は私があなたを助けた」と思っても、それは言わないのがオトナです。


もうひとつ大切なのは、能力のある相手に頼むことです。

能力のある人はいつも多忙なので、頼みにくく感じますが、ひるまず懐《ふところ》に飛び込みましょう。
ヒマそうな人は、
能力が今イチだからヒマなのです。
安請《う》け合いはしてくれても、
結果を出せるかは疑問です。

さらに、立場が下の人に頼む時は
押しつけがましく
ならないようにします。
つまり、**依頼は謙虚さが**
ものを言うのです。

部長、ちょっと
相談に乗って
ください！
「今いいですか？」
くらい
言えないの？
自分が急いでいても、
相手に時間がありそうでも、
基本的なマナーは必ず守ろう

自分が手いっぱいで人に支援を頼む時に

× 今忙しいので代わりにお願い
と理由を言ってお願いする

○ やってくれるとうれしいです
と先に感謝する

窮状を説明するより感情に訴える

仕事や生活の中で、人にものを頼むことがよくあります。

忙しい場合でも、その時の言い方には気をつけなければいけません。

言い方がよくないと、相手から嫌われる原因になるからです。

よくない例には、たとえば、こういうものがあります。

「今忙しいので代わりにお願い」

「自分のことで手いっぱいだから、やってくれる？」

なぜなら、これらは自分の都合の押しつけだからです。

相手から、「こっちも忙しいんですけど」「私のほうも手いっぱいなんだ」と断られることにもなるのではないでしょうか。

人にものを頼む時には、このように言いかえるのがいいと思います。

「やっていただけるとうれしいです」

「引き受けてもらえれば、とても助かる」

このように言いかえれば、自分の都合の押しつけにはなりません。

人間には、基本的に「誰かのために何かしてあげたい」という感情があります。

こういった言い方をすると、「うれしい」「助かる」という言葉が、人間が持っている「何かしてあげたい」という意識を上手に引き出すことができるのです。

一方で、人間には相手に「押しつけられた」と感じると、反発してしまう心理傾向があります。

ですから、「忙しいから、やってくれ」といった言い方をされると、相手は反発し、できることであっても「できない」と断ることになりかねません。

特に、目上の人が目下の人にものを頼む時は、押しつけ的なものの言い方をしてしまいがちです。

目下の人に頼む時も、好意を引き出す言い方をすることが大切です。

下の立場の人に頼みたい時に

×やってくれと押しつけがましく頼む
○やってくれる？と質問形で頼む

問いかけるほうが相手も快諾しやすい

人間関係に配慮した頼み方のコツのひとつに、「問いかけるかたちで依頼する」というものがあります。

「これは、あなたに頼めるかなあ？」

「やっていただけますか？」

「任せたいんだけど、どう？」

「お骨折りいただけませんか？」

といった言い方です。

このように、できるかどうかを相手に問いかけるかたちにするだけで、ずいぶん言い方が柔らかくなります。

相手にしても、「お願いできますか?」と、問いかけられるかたちで言われるほうが、「承知しました」とすんなり言えるのではないでしょうか。

たとえ上司からであっても、断定的に、押しつけがましく、

「これは、あなたがやってくれ」

「任せますからね」

「君にやってもらわないとな」

といった言い方をされると、相手は反発心を起こしてしまうのではないかと思います。

相手とすれば、「私の意見を聞かないまま、勝手に決めないでほしい」という気持ちになってしまうかもしれません。

そうなれば、意欲を引き出すことはできません。

ともすると、上の立場にいる人が、下の立場の人に頼む時に、断定的で押しつけがましい言い方になる傾向があります。

下の立場の人に頼む時には、特に、この「問いかける」という言い方をするほうがいいでしょう。

貸しのある相手に頼む時に

×「この前してあげたから今度は」とつい恩着せがましく頼む

○「お願いします」とだけサラッと頼む

恩は暗黙の了解にしておく

人にものを頼む時に、

「この前、私はあなたのために尽力してあげたんだから、今度はあなたが私のために力を貸してくれる番ですよね」

といった言い方をする人がいます。

確かに、人と人とは、助け合いで結ばれているという側面はあるのでしょう。

相手から助けられたり、自分が相手を助けたり……といった相互関係です。

しかし、だからといって、「この前は私がしたから、今度はあなたが私のためにする」といった言い方は、あまり印象がよくありません。

「圧力をかけている」という感じを受けるからです。

人間には、基本的に、「自分の意思で行動したい」という心理があります。

逆の言い方をすると、他人から「こうして」と圧力をかけられて行動することは、あまり好まないのです。

むしろ反発心を起こしてしまう場合が多いでしょう。

したがって、「この前はこうだったから」などという前置きなしに、率直に、

「お願いしたいことがあります」

という言い方をするほうがいいのです。

そのほうが、相手も素直に、「あなたのためなら喜んで」と言ってくれるのではないでしょうか。

相手も、たとえ言葉で指摘しなくても、「この前は助けてもらった」ということはわかっています。

わざわざ言わなくても、「今度は、私がこの人のために」という気持ちは十分にあるのではないでしょうか。

そんな相手の善意を信じて、言葉を選んでいくほうがいいのです。

身近な人に気持ちよく依頼したい時に

×あなたは私を手伝ってくださいよ

と「あなた」を主語にする

○手伝ってくれたら私はうれしい

と「私」を主語にする

ふだんは省かれている主語を意識して使う

人を説得し、人を動かす話し方のテクニックとして、

「アイ・メッセージ」

「ユー・メッセージ」

というものがあります。

「アイ・メッセージ」とは、アイ、すなわち「私」を主語にした話し方です。

実際のところ、日本語では「私」「あなた」という主語を省くと、自然な言い方になるので、たとえば、こんな言い方になるでしょう。

「手助けしてくれたら、（私は）とても助かります」

「（私は）あなたの連絡を待っています」

このように、「私」を主語にした言い方で頼むほうが、相手は抵抗なく、やる気になってくれるものです。

一方、「ユー・メッセージ」とは、ユー、つまり「あなた」を主語にした言い方です。

たとえば、

「（あなたは）私を手伝ってくださいよ」

「（あなたは）なぜ私に連絡をくれないの？」

といった言い方です。

この「ユー・メッセージ」には、どうしても命令的、押しつけ的な言い方になってしまうという欠点があります。

そのため、相手の印象は悪くなり、こちらの要望に応じてあげようという気持ちには、なかなかなれないのです。

したがって、特に日常生活の中で、身近な人にお願い事をしたい時には、「アイ・メッセージ」を参考にして、ものの言い方を考えるほうがいいと思います。

それが、上手に人をその気にさせるコツになります。

すぐに返事をもらいたい時に

×この件、どうなっていますか？

といきなり用件を持ち出す

○お時間よろしいですか？

と相手の都合を確かめる

急いでいても相手優先のマナーは守る

職場などで、確認をとったり、頼み事をしたい時があります。

長い話になる時には、

「少し、お時間よろしいですか？」

「今、ちょっといい？」

などと**相手の都合を確認してから自分の要件を話す**のが、人間関係の基本的なエチケットになります。

相手は忙しいかもしれませんし、目の前の仕事に集中したいかもしれません。

そんな時に、急ぎの用件だとしても、いきなり
「この件、どうなっていますか？」

などと話しかけられてしまうと、迷惑になりかねないからです。

このような**細やかな心づかいのできる人が、まわりの人たちから好かれます。**

こうした心づかいが必要なのは、電話をする時も同様です。

特に、話が長くなりそうな時には、話に入る前に、

「今、よろしいですか？」

と、一言断っておくのがいいでしょう。

電話では、相手が、どういう状況にあるかわかりません。

誰かと打ち合わせの最中かもしれません。

携帯電話なら、車で信号待ちをしていたり、電車内だったりする可能性もあります。

ですから、相手が今、話をできる状況かどうかを確認することが大切です。

また、もし相手から「今、ちょっとムリ」と断られた時は、

「ごめんね。またあとにする」

「申し訳ありません。のちほどお声がけします」

と謝ることも、人間関係のエチケットになります。

誰でもできそうなことを頼む時に

✕ あなたでいい とサラッと言う
○ あなたに頼んでいい？ と自尊心をくすぐる

相手が誰であれ期待をこめて頼む

部下に仕事を頼む時、次のような言い方をする失礼な上司がいます。
「ああ、あなたでいいや。この資料を、午後の会議までに一〇部ずつコピーしておいてくれないかな」
あるいは、友人などにちょっとした軽い頼み事をする時に、こんな言い方をする無神経な人もいます。
「誰でもいいんだけど、お願いしたいことがあるんだ」

このような「あなたでいい」「誰でもいい」という言い方は、相手を不愉快な気持ちにさせてしまいます。

言葉の裏側に「あなた自身には、それほど期待していないんだけど、ほかに適当な人がいないから」という真意がすけて見えるからです。

自分に対して、それほど**期待していない人から頼まれて、「がんばるぞ」とやる気を出す人はいない**でしょう。

むしろ、「期待されていないのだから、いいかげんにやっておけばいい」という気持ちになってしまうのではないでしょうか。

相手をやる気にさせる頼み方としては、次のような言い方をするほうがいいと思います。

「これをあなたに頼んでいい？」

「あなたにぜひお願いします」

といった言い方です。

「あなたでいい」「誰でもいい」を「あなたに頼んでいい？」「ぜひお願いしたい」と、**ポジティブに言いかえることで、相手が受けとる印象は変わります。**

相手は、「期待に応えるために、がんばろう」という気持ちにさせられるのです。

依頼を断られた時に

×どうしようかなあ とひとりごとのように言う

○お忘れください と笑顔を見せる

自分の都合よりも相手の気持ちを優先する

お願い事をして、「できません」と断られることは、もちろん、うれしいことではありません。

断られれば、イヤな気持ちも残ります。

しかし、断ってイヤな気持ちになるのは、実は、相手も同じなのです。

相手とすれば、「せっかく自分を頼りにしてくれたのに」と思いながらも、どうしようもない事情で断ったのでしょう。

そのため、心の中では、「断ってしまって申し訳ない」という気分になっているものなのです。

したがって、お願い事を断られた時は、そんな相手側の精神的な負担をやわらげる一言をつけ加えておくことが、オトナの礼儀になります。

たとえば、こんなふうにです。

「お忘れください」

「こんなお願い事をしちゃって、ごめんね」

この一言で、相手の精神的な負担はずいぶん軽くなるでしょう。

お願い事を断られた時に、

「いやはや、困りました」

「どうしようかなあ」

と、ひとりごとのようにつぶやく人がいます。

そう言う気持ちはわかりますが、そのような一言は、相手の「断ってしまって申し訳ない」という気持ちをさらに強めてしまいかねませんから、注意が必要です。

できれば、頼み事を断られた時は、明るい笑顔で、「お忘れください」「ごめんね」と言っておくのがいいのです。

笑顔を見せてあげることで、相手の精神的な負担はさらに軽減させられるでしょう。

第8章 「イエス・ノー」を伝える言葉

こんな一言は避けたい！

✕申し訳ない。ダメなんだ

↓言いかえは128ページ

人生には限りがありますが、人の要求には限りがありません。
ですから、**イエスよりもノーを多くすることが、**
幸福に生きるコツになります。
たとえ親しい相手でも、イエスを連発してしまうと
関係は徐々に泥沼化していくもの。
ましてビジネスでは、要求の内容や条件をよく聞き出し、
慎重にイエスを言うのが賢明です。

「できる」からといって、
「引き受けるべきだ」と考える必要はないのです。

といっても、ノーは人間関係の劇薬。
断る時はきちんと理由を伝え、
できれば対案を示しましょう。
イエスかノーかは状況次第で変わります。
ちょっとした対案から、
うれしい合意に達することも多いのです。

違う課が担当なので
そこはわからない
ですねぇ
いやいや。
なら、わかる人を
教えて……
知らないことを知らないと
言う時も、「わからない」
「できない」で終えないで!

誘いに応じかねる時に

×申し訳ない。ダメなんだ
と謝ってから断る

○ありがとう。でもダメなんだ
と礼を言ってから断る

最初に謝るよりも最初に感謝する

誘いを断る時、

「ごめん。その日は都合が悪くてダメなんだ」

「申し訳ありません。当日は別件がありまして」

という言い方をする人がいます。

もちろん「ごめん」「申し訳ない」と最初に謝るのは、悪いことではありません。

しかし、「最初に謝る」よりも、「最初に感謝する」ほうが印象はよくなるのではないでしょうか。

「誘ってくれてうれしい。でも、その日は都合が悪くて行けないの。ごめんね」

「お誘いありがとうございます。ただ、当日は別件がありまして。申し訳ありません」

などと、最初に感謝を述べてから、断る理由を説明して、謝るのです。

英語に、**「サンクス・バット」という話法**があります。

「サンクス」（ありがとう）は、お礼の言葉です。

それに続けて、「バット」（でも）という言葉で、断るのです。

この言い方は、顧客から問い合わせを受けた時にも応用できます。

たとえば、「この件について、どうなっているか、そちらでわかりますか」と問い合わせを受け、あいにく、それに答えることができない場合などです。

そのような状況においても、

「すみません。こちらでは、わかりかねます」

と、最初に謝るよりも、

「お問い合わせ、ありがとうございます。残念ながら、こちらではお答えできる資料がございません。申し訳ありません」

と、「サンクス・バット」話法を応用するほうが、相手の印象はよりよくなると思います。

「ノー」を納得してほしい時に

×私には難しいように思います

と内的な理由で断る

○物理的に難しいです

と外的な理由で断る

数字やデータで説明して断る

要請をきっぱり断ったり、上司からの指示に「ノー」を言ったりする時の言い方に、

「物理的に、ちょっと難しいです」

というものがあります。

この「物理的」という言葉には、

「予算をつけられない」

「人員が足りない」

「時間が足りない」

といった、いわば「外的な理由」という意味があります。

外的な理由を説明して断るのは、相手の印象を悪くしないための上手な話し方になります。

一方で、言葉につまってしまい、

「できるかどうか……、どうにも気が進まないんですよ」

といった言い方をする人もいます。

この「気が進まない」というのは、いわば、その人の心理的な要因なのでしょう。

言ってみれば、「内的な理由」です。

内的な理由をあげて断るのは、あまり賢明な方法ではありません。

相手が受けとる印象も悪くなると思います。

「別のことで頭がいっぱいで」

「私には難しいように思います」

といった内的な理由は、断る時には、あまり使わないほうが無難です。

それよりも、「物理的に」「予算的に」「時間的に」といった、外的な理由をあげたほうが、相手も納得してくれるでしょう。

「わからない」「できない」と伝えたい時に

×担当外なのでわからない

と縦割り的な断り方をする

○あの人に聞いてみたら？

と話を横に広げる

「わからない」で話を終えない

職場でなかなか評価が上がらない人の特徴のひとつは、

「わかりません」

「できません」

という言葉が多いことだと言われています。

会話の中で、同僚から「この件、どうすればいいか、わかる？」と聞かれて、

「私の担当じゃないから、わからない」

という答え方をします。

会議の中で、上司から「この仕事を任せたいんだけど、できる？」と聞かれて、「まったく未経験なので、引き受けかねます」

と答えます。

このようなタイプの人は、まわりの人たちにとって、頼りない人に見えてきます。

ですから、それ以上、話も進まず、評価が上がりません。

たとえ「わからない」「できない」ことであっても、話を前に進めるためには、上手な言い方があると思います。

「私にはよくわからないけど、〇〇さんは詳しいから、聞いてみたら？」

「この分野の仕事をした経験はないのですが、任せてくださるのなら挑戦してみます。ただ、不安な点もあるので、教えてください」

というような言い方です。

つまり、一方的に「わかりません」「できません」で終わらせるのではなく、次のステップへ進むために必要なことを言い添えることが大事なのです。

そのために、「こうしたら？」と提案したり、「ここは教えてほしい」と、こちらから質問したりします。

そんな話し方ができれば、きっと、職場での評価も上がるでしょう。

贈答品などの申し出を断る時に

×規則がありまして と静かに押し返す

○お気持ちだけ頂戴します と一言加える

こちらの都合だけで断るのは不十分

「どうぞ、お受けとりください」と、金品を差し出されることがあると思います。

しかし、それをすんなり受けとれない時もあるでしょう。

会社の規則で「取引先からの頂き物は辞退する」と定められている場合もありますし、「あまりにも高額なので困る」という場合もあるでしょう。

そんな時、頂き物を断る言葉には、こんなものがあります。

「頂き物は受けとれない規則がありまして」

「申し訳ありませんが、このような高価な物はいただけません」

どの言い方で断るにしても、大切なことがあります。

「お気持ちは、ありがたく頂戴いたします」

という一言をつけ加えることです。

相手は、好意から贈り物をしているのですから、受けとれないけれども、「好意だけは、ありがたく頂戴します」という一言が大切なのです。

この一言があるかないかで、相手の受ける印象が変わるのではないでしょうか。

もちろん、この「お気持ちは、ありがたく頂戴いたします」と言える人のほうが、好感度が高いのです。

「いただけません」と言わずに、「お気持ちだけ頂戴します」と言うだけでも、「これは受けとれないのだな」と察してくれる相手もいます。

つまり、**贈り物を穏便《おんびん》に断る言い方**にもなるのです。

英語では、この「お気持ちだけ頂戴します」に当てはまる言い方はないようです。

日本語独特の言い方なのかもしれません。

そういう意味では、この言い方には**「人の気持ちを大切にする」という日本人の精神性が表れているように思います。**

サクッとオーケーを言う時に

×いいですよ

と許可めいた言い方をする

○いいですよ。ありがとう

とうれしさを表す一言を添える

承諾プラス感謝の一言が礼儀

仲間や友人から、「週末に、コンサートへ行かない?」と誘われたとします。
その時、誘いを承諾する言い方に、
「いいですよ」
というものがあります。
この言い方は、特別悪くはないのですが、少し冷淡な印象もあります。
コンサートに誘ってくれた相手から、誤解をされる可能性もあるでしょう。

「なんだか許可してもらったみたいだ。もしかしたら、コンサートにイヤイヤつきあってくれるのではないか」

「内心は、迷惑に感じているのではないだろうか」

といったようにです。

ですから、このような時には、感謝の言葉を添えるほうがいいと思います。

「いいですよ。誘ってくれてありがとう」

「うれしいね。喜んで行く」

というように、プラスの感情をこめるのです。

そのほうが、誘った相手もうれしく感じ、人間関係もさらによくなっていくのではないでしょうか。

人間関係では、日頃親しくつきあっている相手ほど、時に、冷淡な話し方をしてしまいがちです。

そして、その冷淡な話し方がきっかけとなって、親しい相手との関係がギクシャクすることもあります。

「親しき仲にも礼儀あり」ということわざもあります。

仲のいい人に、「ありがとう」「喜んで」という一言を忘れずに伝えることも、このことわざにある「礼儀」であると言えます。

気乗りしない依頼を引き受ける時に

× 忙しいけど大丈夫ですよ
と多少恩に着せる

○ あなたの依頼を断れるわけがない
と一言添える

どうせ引き受けるなら前向きの言葉で

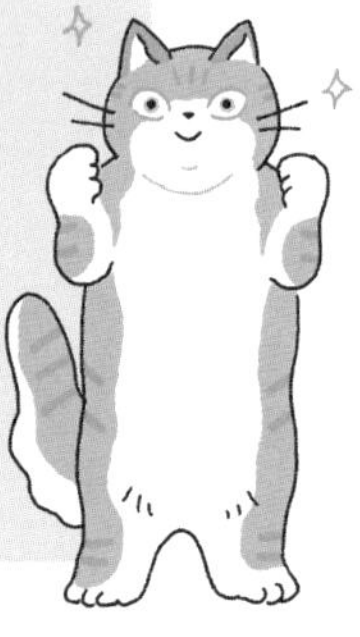

頼まれ事を承諾する時に、

「忙しいんですけど、引き受けますすよ」

「面倒だけど、まあ、いいよ」

といった言い方をする人がいます。

このような言い方は、「イヤイヤながら」という印象を与えてしまうので、相手も気分がよくないと思います。

「この人に頼むんじゃなかった」という気持ちになるかもしれません。

これでは、いい人間関係が育っていかないでしょう。

せっかく引き受けるのですから、「しょうがない」「面倒だけど」といったよけいな言葉は口にしないほうが賢明です。

むしろ、もっと感謝をこめた前向きな言い方をするほうがいいと思います。

「喜んで引き受けます」

「あなたに頼まれて、うれしいくらいだよ」

というようにです。

この言い方のコツは、「あなた」を強調する点にあります。

これは、相手を、いわば特別扱いする言い方です。

相手とすれば、プライドをくすぐられて、イヤな気分はしないでしょう。

「あなたのお願いを、断れるわけがないでしょう」

といった言い方でもいいと思います。

相手は、「やっぱり、この人に頼んでよかった」と、うれしい気持ちになるのではないでしょうか。

気心知れた相手からの頼み事を引き受ける時に

×力を貸すよ と偉そうに言う
○お役に立ちたい と謙虚に答える

親しい間柄でも上から目線の言葉はタブー

日本人は、謙虚な言い方をする人に、好感を覚えることが多いようです。

そのため、頼まれ事を引き受ける時にも「謙虚な一言」をつけ加えると、印象がいいと思います。

たとえば、

「微力ながら、喜んでお手伝いするよ」

「力不足かもしれないが、精いっぱい努める」

「お役に立つかどうかわかりませんが、がんばります」

といった言い方です。

このような謙虚な一言が言える人は、人間関係において印象がいいのです。

西洋の格言に、「謙虚さは、非凡《ひぼん》な者の証しだ」というものがあります。

「非凡」とは「平凡ではない」ということですが、ここでは、「能力や才能がある」という意味だと思います。

「微力ながら」と謙遜することで、相手はむしろ反対に、「この人は、できる人に違いない、任せておけば安心だ」という印象を持つのです。

ですから、**謙虚な言い方をすることは、上手な自己アピールにもなる**のです。

ところで、それとは逆に、相手が友人や親しい同僚である場合など、

「支援しようか。力を貸すよ」

といった言い方をする人がいます。

こういう言い方は、どこか横柄《おうへい》な印象があります。

そして、相手がこの横柄な印象を感じとってしまうと、「気心知れた相手なのに、上から目線で言われるのはイヤだ」「本当にきちんとやれる能力があるのか」という気持ちになるかもしれないのです。

どんな相手にも、「謙虚な言い方」をするほうが賢明です。

第9章 忠告・苦情の言葉

こんな一言はリスク大！

×健康に気をつけて

↓言いかえは144ページ

上から目線の言い方はどんな場合もNGだと知ってはいても、忠告や苦情はとかく高圧的になりやすいもの。

フラットに話すためには、**共通感情を持つ**のが有効です。

「私は客観的、あなたは主観的」

「こちら被害者、そちら加害者」と対立的に考えず、

「おたがい様だよね」

「今回は私が言わせてもらうけどね」という前提で話します。

そういうちょっとした意識の変化が、
人間関係を向上させる
大きなポイントになるのです。

冷静に問題点を述べ、
要求や目的を示すだけにします。
感情的な言葉は不要です。
古代ローマの政治家キケロは
「忠告は苦《にが》すぎぬよう、
叱責は侮辱《ぶじょく》を含まぬよう、
心して配慮すべきだ」と言っています。

なんて商品売っているんだ!なんとかしろー
「こうしてほしいです」とか、おだやかに切り出せないの?
自分を「正義の味方」に位置づけてしまうと、対人関係はこじれるよ

忠告を聞き入れてくれない相手に

×健康に気をつけて
とくり返す

○友だちがダイエットに成功したって
と主語を変えてみる

何度も同じことを言うのは逆効果

こちらが忠告をしても、なかなか聞き入れてくれないタイプの人がいます。聞き入れてくれないどころか、怒り出したりするのです。

ある女性の夫が、そういうタイプでした。

その夫は暴飲暴食をしがちで、体重もかなり重いといいます。

彼女とすれば、夫の健康が心配でなりません。

暴飲暴食は、生活習慣病の原因になるからです。

ですから、日頃から、ことあるごとに、

「少し、暴飲暴食を控えたら？」

「もっと健康に気をつけてほしい」

と忠告するのですが、すると夫は「オレに命令するな」と怒り出し、それが原因で、しばらく関係がギクシャクしたりします。

彼女は、ギクシャクしないような忠告の方法はないかと悩んでいます。

そんな彼女にうってつけの話し方のテクニックがあります。

それは、「マイ・フレンド・ジョン・テクニック」というものです。

人間関係を悪くしないために、「〇〇してほしい」とストレートに言わず、**「友人のジョンが言うには」という言い方で、間接的に伝える**のです。

たとえば、こんなふうに言います。

「管理栄養士をしている友人が言うには、お酒を飲みすぎるだけでも、糖尿病とか高血圧のリスクが高まって、深刻な病気を招くそうよ。怖いね」

「友だちが、『ご飯だけを減らすダイエットで七キロもやせられた』って言ってたよ。肉や野菜はいくら食べてもいいんだって」

冒頭の女性も、このテクニックを試すことで、夫とギクシャクすることを避けられるのではないでしょうか。

ストレートに言うとケンカになりそうな相手に

×やめたほうがいいと正直に言う
○私はやめるようにしてると遠回しに言う

ケンカにならない言い方を選ぶ

洋子さん（仮名）の友人のA子さんは、陰口が多い人です。

A子さんは、洋子さんの前で、共通の友人の名前を出して、「あの人、おかしいと思わない？」「彼って、イヤな感じね」などと陰口を言うのです。

洋子さんとすれば、聞きたくはありません。

知っている人の悪口を聞かされるのは不愉快だからです。

しかも、その当人がいないところで悪口を聞かされるのですから、なおさらイヤな気持ちにさせられます。

洋子さんは、A子さんに、人の陰口を言うのを、やめてほしいと思っています。

しかし、どのような言い方でA子さんに、そのような思いを伝えればいいのか、とても悩んでいます。

「陰口は、やめたほうがいいと思うよ」

「もっと長所を見るようにしない？」

とストレートに言えば、A子さんとロゲンカになってしまいそうで怖いのです。

このようなケースでは、遠回しの言い方が有効です。

そのひとつが、「私」を主語にした言い方です。

たとえば、

「信頼している人に『陰口を言ってはダメだ』とアドバイスされて、反省したことがあるの。それ以来、私は陰口を慎《つつし》むようにしている」

といった言い方になります。

そのような言い方で、「だから、あなたも人の陰口を言うのをやめてほしい」ということを相手に伝えるのです。

そうすれば、相手と直接衝突するのを避けられるでしょう。

A子さんのほうも、徐々に、陰口が少なくなっていくかもしれません。

きつく戒めなければならない相手に

×常識がないなあ とまずストレートに言う

○事情を聞かせてくれ とまず相手の話を聞く

多くの場合「叱る」口調は反感を買う

仕事などでは、人を戒《いまし》めないといけない時があります。
しかし、その言い方には注意が必要です。
戒め方が悪いと、相手はとたんにやる気を失います。
また、おたがいの人間関係にヒビが入ってしまう原因にもなります。
では、悪い戒め方とは、どのようなものでしょうか。
一例として、次のようなものがあります。

部下が締め切りまでに仕事を終えることができなかった場合です。

上司が、ついムッとしてしまい、こう言うのです。

「締め切りは守るのが常識だろう」

「ルーズだなあ」

このように、相手を「常識のない人間」「ルーズ」などと決めつけるような言い方は、相手の人格否定につながります。

当然、相手とすれば、素直に反省できないでしょう。

それだけではなく、そんな言い方をする上司に強い反感を抱くことにもなるのではないでしょうか。

部下は、仕事を怠《なま》けていたわけではないと思います。

締め切りに仕事が間に合わなかったのは、何か事情があったのでしょう。

その事情について、部下から話を聞くのが、上司としての正しい姿勢ではないでしょうか。

「君が締め切りに遅れるなんてめずらしいね。何かあったの？　事情を聞かせてくれ」

そう問いかけて、部下の話をよく聞いて納得できれば、

「わかった。次は締め切り厳守で頼む」

と言ってあげるのがいいと思います。

苦情を言わざるを得ない相手に

×言いたくはないんですが
と前置きして切り出す

○お願いしたいことがあります
と静かに切り出す

よけいな前置きは言わない

相手に苦情を言う時の話し方には、難しいものがあります。

言い方が悪ければ、人間関係が傷ついたり、壊れたりしてしまうこともあります。

「ものも言いようで角《かど》が立つ」ということわざがあります。

「角が立つ」とは、「人間関係がギクシャクする」ということです。

同じことを伝えるにしても、**言い方次第で人間関係がギクシャクする原因になるから、注意する必要がある**、という意味です。

特に、相手が職場の同僚であったり、友人や近所の人であったりすれば、人間関係を断ち切ってしまうわけにはいきません。

これからも円満につきあっていかなければならないのですから、人間関係に角が立たないように工夫したほうがいいでしょう。

たとえば、近所に、苦情を言わざるを得ないような問題のある家があったとします。

その家に苦情を言う際、少しでも言い方をやわらげようと、こんなふうに切り出す人がいます。

「はっきり申しあげまして」

「言いたくはないんですが」

しかし、この「はっきり言って」「言いたくはない」という前置きには、言い方をやわらげるというよりも、むしろ、**一方的に相手を悪者にする印象**があります。

ですから、相手は、たとえ自分に非があることがわかっていても、腹立たしい気持ちになるのではないでしょうか。

むしろ、よけいな前置きはせずに、

「お願いしたいことがあるんですが」

と、おだやかな口調で、言いたいことを伝えるほうがいいと思います。

そのほうが、相手も冷静にこちらの言葉を受けとれるでしょう。

周囲に大きな迷惑をかけた相手に

×もっと気をつけてくださいよ

と注意する

○おたがいに注意しないとね

と問題意識を共有する

どんな時でも相手を一方的に責めない

他人のミスのために、こちらが大変な目にあう、ということがあります。

特に、チームで仕事をしている時には、そういうことが起こりがちでしょう。

自分のミスのため自分が苦労するのであれば仕方ありません。

けれども、他人のミスのために自分が苦労させられたり、チーム全体の仕事が遅れたりするようでは、つい、文句たらたらの言い方になってしまいがちです。

「責任をとって、処理してほしい」

「もっと気をつけてくださいよ」

こんなふうに言われると、相手は、

「申し訳ありません」

と謝ってくれるでしょう。

ですが一方的に悪者扱いされるばかりでは、相手は、内心はイヤな気持ちになっているのではないでしょうか。

落ち込むことになるし、こちらを逆恨《さか》みする場合もあるかもしれません。

そうなれば、それは、いい人間関係を考えた言い方ではなくなります。

したがって、ミスをした相手を一方的に責めるよりも、

「とにかく解決しよう。チームみんなでやろうよ」

というように、問題そのものに意識を向ける言い方をするほうが賢明です。

そのうえで、相手に注意をうながす話をして、最後に、

「私もミスをすることがある。おたがいに注意しないとね」

という言葉で締めくくるのです。

このような言い方をすれば、人間関係が悪くなることも少ないと思います。

そして、「私もミスをする。だからおたがいに」という共通意識を持てる言い方をすることで、むしろ、相手との関係が深まることがあります。

ミスや遅れをたびたびくり返す人に

×どうしてうまくいかないの？
と問い詰める

○どうすればうまくいくと思う？
と考えさせる

責任追及よりも原因追求を優先する

ある女性は、「職場の同僚にイライラさせられる」と言います。

その同僚には、仕事のミスや遅れが多いからです。

当然、そのミスや遅れは、職場の仕事全体に悪影響を及ぼします。

それがたび重なると、つい、強い言葉で文句を言ってしまうのです。

「どうして、そんなにうまくいかないの？」

「なぜ、また遅れてしまったの？」

といったようにです。

そして、そのために、その同僚との人間関係がギクシャクすることもあるようです。

確かに、身近にいる人に文句を言いたくなる時は、誰しもあります。

しかし、「どうして」「なぜ」という言葉を、相手を責めるために使うのは、賢明ではないと思います。

文句を言いたくなるのは、それなりの理由があるからでしょう。

イライラしてしまうのも理解できます。

でも、ここはひと呼吸置いて、

「どうしたらミスが減るのかなあ。たとえば、こんなこと？」

「なぜ遅れるのか、原因をしっかり考えようよ。もちろん私も考える」

といった前向きな言い方をするほうがいいと思います。

「どうして」「なぜ」を、相手を責めるために使うのではなく、原因をつかんで改善していくための問いかけとして使うのです。

つまり、「どうしてうまくいかないのか」ではなく、「どうすればうまくいくのか」というポジティブな面に焦点を当てるわけです。

また、一方的に相手を責めるのではなく、「一緒に考えましょう」という姿勢を見せるのも、うまくいく話し方のコツになります。

かなり不満な仕事をした部下に

×やり直してくれ
と改善点を指摘する

○ここは素晴らしいんだが
といい点も認める

結果だけでなくプロセスも評価する

ある社員が、職場の上司から、重要な書類をつくるように指示されました。
彼は、上司の期待に応えようと、張り切って書類を書きあげて提出しました。
ところが、上司から、頭ごなしに、
「やり直してくれ」
と言われてしまったのです。
改善点を指摘されることもなく、書類を突き返されてしまいました。

彼は、上司のその言い方にショックを受けてしまいました。

そのために、仕事への意欲を失ってしまったのです。

確かに、仕事は真剣勝負です。

しかし、だからといって、頭ごなしに否定するような言い方は、よくないでしょう。

そういう言い方をするのは、上司として問題があると見られてしまうかもしれません。

彼は彼なりに、一生懸命、書類を書きあげたのです。

ですから、いい点もあったと思います。

上司とすれば大いに不満だったのでしょうが、全面的に否定するのではなく、まずは、いい点に注目してほめたほうが賢明です。

「データの処理には感心したよ」

「こういう発想は素晴らしい」

と、その人の努力や工夫を認めてから、

「だけど、この点については、まだ認識が甘いように思う。もう少し検討して再提出してください」

という言い方をするのがよかったのではないでしょうか。

そうすれば、部下の意欲を失わせるのではなく、意欲をいっそうかき立てることになったと思います。

ちょっとしたミスをした部下に

×つまらないミスをするなよ
と気を引き締めさせる

○次に期待しているよ
と復調をうながす

苦言はしばしば相手のやる気をそぐ

古代中国の思想家である孔子は、こう述べています。

「相手の小さな失敗を許して、その人が本来持っている才能を伸ばすことを優先すべきだ」

たとえば、部下がちょっとしたミスをした時、

「つまらないミスをしないでくれよ」

と叱責口調で言う上司もいます。

もちろん上司であれば、部下を叱責することも、仕事のひとつとして当然かもしれません。

しかし、「つまらないミス」なのであれば、孔子の考え方に従って、叱責せずに許すという方法もあると思います。

つまり、その部下に、こんなふうに言うのです。

「次の仕事に期待しているよ」

このほうが、部下の才能を引き出して、伸ばすことにつながるのではないでしょうか。

逆に言えば、「つまらないミス」なのにもかかわらず、「ミスをするな」「何をやってるんだ」などと**叱責することを続ければ、その部下は、やる気をなくしてしまう**ことになります。

そうなれば、その部下が素晴らしい才能を秘めていたとしても、その才能を潰《つぶ》してしまうことにもなりかねません。

ですから、部下を叱るよりも、部下が持っている才能を伸ばせるような言い方をするほうがいいと思います。

そして、部下の才能を伸ばすために大切なのが、「あなたに期待している」という言葉なのです。

第10章

励ます言葉

こんな一言から誤解が！

✕がんばってね

↓言いかえは162ページ

激励したつもりなのに相手は傷つき、いっそう落ち込んでしまった……。よくあるケースです。

相手に応じて言葉を選ぶことで、そういう逆効果を防ぐことができます。

たとえば「がんばろうよ」。

ギリギリまで努力しているのに成果が出ず、沈んでいる相手には、酷《こく》な一言です。

「がんばる」といういわば精神論ではなく、どうして成果が出ないかを分析する客観的なアドバイスのほうが有効になります。

一方、その「どうして」も、言い方によっては「どうしてできないの？ がっかりだ！」という叱責に変わるので要注意です。

「相手を励ますことで自分も元気になれる」という視点から言葉を選ぶといいでしょう。

欠点より長所に目を向けるのが育成のポイントなのになぁ

どうしてなの？
がっかりだ！
「自分は欠点だらけ」という暗示にかかってしまいそう……

努力しているのに結果が出ず悩んでいる人に

×がんばってね と奮起をうながす
○一緒に考えよう と協力姿勢を示す

努力している人に「がんばれ」は酷な言葉

「がんばってね」

というのは、誰でもよく使う励ましの言葉のひとつです。

ただし、この言葉の使い方には、注意が必要です。

場合によっては、「がんばってね」という一言が、相手をよけいに落ち込ませてしまうこともあるからです。

好調で元気いっぱいの人を、「がんばって」と励ますのはいいのです。

相手は、素直に「はい、がんばります」と返事してくれるでしょう。

しかし、一生懸命に努力しているのに、なかなかうまくことが運ばず落ち込んでいる人に、不用意に「がんばってね」と声をかけるのは、問題があります。

相手が、かえって落ち込んでしまうこともあるからです。

というのも、その人とすれば、「もうギリギリまでがんばっている。これ以上がんばるなんて無理だ」という気持ちになってしまうからです。

がんばっているのに結果を出せない自分に自信を失って、いっそう落ち込んでいく場合もあるのです。

ですから、「がんばって」という**声をかける時には、相手がどんな状況にあるか、どういう気持ちでいるかをよく観察する**ことが必要です。

もしも相手が、努力しているのに結果が出ずに悩んでいるような時は、「がんばる」という言葉を使うにしても、次のような言葉を添えるのがいいでしょう。

「一緒に考えてみよう」

このように、協力する言い方をするほうが、相手は安心します。

安心することで、気を取り直すことができます。

うまくことが運ばないのはなぜかを、もう一度考えることもできるでしょう。

そこから、次のステップに進むヒントが得られるかもしれないのです。

伸び盛りの人に

×この欠点を直さないと と注意を与える

○この長所を生かせば と希望を与える

欠点より長所を見てあげるほうが人間は伸びやすい

心理学の実験に、次のようなものがあります。

学校の授業で、ある生徒たちは教師から、

「これが君のいいところだ。この長所を生かして努力すれば、もっと成績が上がるよ」

と、ほめられました。

こうして**ほめられた生徒たちの成績は実際にアップした**、といいます。

一方で、ある生徒たちは教師から、

「君の悪いところはここだ。この欠点を直さないと、ますます成績が下がっていくよ」

と注意を受けました。

そのように注意された生徒たちの成績は実際にダウンした、というのです。

この実験結果は、ひとつには、「人は、ほめられることによって意欲を向上させる心理傾向がある」ということを物語っています。

一方で、「注意することは、逆効果になりやすい。注意されると、人はやる気をなくす傾向がある」ということも示しているのです。

心理学には、「エンハンシング効果」という言葉があります。

「エンハンシング」には、「高める」「強める」という意味があります。

つまり、「ほめることで、相手を励まし、やる気を高める」ということを、心理学では、エンハンシング効果と呼ぶのです。

会社でも、家庭でも、友人同士でも、ほめることを心がけて、まわりの人たちと会話していくことが大切です。

相手の欠点に対する注意ばかりをくり返すのは、賢明ではありません。

「ここが長所だ、ここが素晴らしい」

と、ほめることを優先することで、相手のやる気が高まります。

それにつられるかたちで、自分自身の意欲も、また強まっていくでしょう。

失態を演じてしまった人に

×あなたらしいね

と冗談めかして励ます

○あなたらしくないね

と自尊心を取り戻させる

「あなたらしい」はほめる時に使う言葉

「あなたらしい」という言い方があります。

この言い方は、往々にして、イヤミや悪口として使われるようです。

たとえば、人前で恥ずかしい失敗をした人などに対して、

「あなたらしいねえ」

と言う場合、そこには、こんなイヤミが隠れているものです。

「あなたは調子に乗りやすいからね」

「もともと浮ついたところがあるから、当然の結果じゃないかな」

そんなイヤミを相手も敏感に感じとって、不快に思ってしまうのではないでしょうか。

「あなたらしい」という言い方は、あまり多く使わないほうが賢明かもしれません。

一方、「あなたらしくない」という言い方があります。

これは、人を励ます言い方として、効果的に使えます。

たとえば、失敗をして落ち込んでいた人がいたとします。

そんな人に対して、

「こんなことでクヨクヨしているなんて、あなたらしくない」

という言い方で励ますのです。

「あなたらしくない」という言い方には、

「あなたはパワフルだから、すぐに挽回できる」

「あなたはもともと、クヨクヨするような弱気な人じゃないよ」

という意味合いがあります。

つまり、激励の意味が含まれているのです。

ですから、この言葉は、相手との人間関係をよくするためにも有効に使えるでしょう。

計画の途中で挫折してしまった人に

×しかたないね と慰める
○応援してるよ と励ます

人を元気にさせると自分も元気になる

『トム・ソーヤの冒険』など、冒険小説で活躍したアメリカの作家、マーク・トウェインが、こう述べています。

「自分を元気づけるいちばんの方法は、誰かほかの人を元気づけることだ」

人を励ますのは、相手のためであると同時に、自分のためにもなると、マーク・トウェインは言っていると思います。

身近にいる人が元気になるように励ますことは、自分自身を元気にすることなのです。

人を元気づける言葉を言うことで、自分自身が元気になっていくのです。

つまり、自分のために、身近な人をどんどん励ますことが大切だとも言えるのです。

たとえば、友人のひとりが、ある目的を持って勉強を始めたのに途中で挫折して、勉強を投げ出してしまったとします。

そんな友人を、

「しかたないね」

と、挫折した現状を認めることで慰めようとする人もいます。

けれどそれでは慰めにはなっても、相手を励ますことにはなりません。

結果的に、自分自身も元気になることはないでしょう。

「応援してるよ」

「あなたには元気をもらっていたんだ。まわりのみんなもそうじゃないかな」

このように、その友人を励ますほうが賢明です。

そうすることで、自分自身の心も元気になっていくのです。

「元気が出ない」と**落ち込んでいる人が、自分自身を励まして元気になるのは難しい面があります。**

身近な人に励ましの言葉をかけることで、自分の元気を回復させるのがいいと思います。

実力が発揮できないでいる部下に

×ここはこうしなさい
とこまかく指示する

○あなたならできるんじゃないか？
と期待して任せる

人は期待されることで成果を出す

職場に、今ひとつ実力を発揮できないでいる部下がいたとします。
上司とすれば、そんな部下にイライラすることもあるかもしれません。
そして、なんとか部下に成果を出してほしいと考え、
「こうしろ、ああしろ」
と次々に指示を与える人もいます。
一方、その部下とすれば、上司に指示されるままに仕事をしたところで、自分の自信に

はならないのではないでしょうか。

成果を出しても、それは上司の指示がよかったからにすぎないことになります。もし成果が出せなかったら、指示どおりにさえやれないのかと、ますます自信を失う結果になるかもしれないのです。

上司の大切な役割のひとつに、「部下に自信を与える」ということがあります。

自信を持って仕事に従事してこそ、その部下が実力を十分に発揮でき、多くの実績をあげることもできます。

逆に、「こうしろ、ああしろ」といった指示は、むしろ部下から自信を奪い去ってしまう結果になるでしょう。

部下に自信を持たせるためには、指示を与えるにしても、

「あなたならできるんじゃないか?」

といった部下の実力に期待する言い方をするのがいいでしょう。

心理学に、「ピグマリオン効果」という言葉があります。

人には、ポジティブな期待を寄せられると、その期待に応えようとして、実際に成果をあげる傾向がある、という心理です。

このような心理傾向を上手に活用して、部下に自信を与えていくこともできるわけです。

強く激励をしてあげたい人に

× 私はあなたを認めてる
と普通に励ます

○ みんなあなたを認めてる
と「私」を「みんな」に言いかえる

「みんな」という言葉の強い力を活用する

「みんなが」という言葉には、大きな力があります。

大きな挫折や失敗をして落ち込んでいる人に、

「私はあなたを認めているよ」

と言うのも、いい励ましになるでしょう。

しかし、

「みんなあなたを認めているよ」

と言うほうが、もっと強い励ましになると思います。

場合によっては、「私が」と言うよりも、心に深く届くでしょう。

ですから、この「みんなが」という言葉は、あくまで、人を励ましたり応援するという
ポジティブな意味で使うことが大切です。

職場で、チームの人間が、自信をなくしているリーダーに対して、

「みんな、最後までついていきます」

と言えば、そのリーダーは力を取り戻すでしょう。

そうなれば、チームの仕事もうまくいき始める確率が高くなります。

一方、ネガティブな意味で「みんなが」という言葉を使うと、相手を強く非難すること
になりかねないので、注意が必要です。

チームの人間が、自信をなくしているリーダーに対して、

「みんな、あなたにはついていけないと言ってます」

「メンバーはみんな、もう疲れ切っています」

と言ってしまうと、そのリーダーは自信を失ってしまうと思います。

その結果、チームもバラバラになりかねないのです。

「みんなが」という言葉は、ネガティブに使うと相手にダメージを与えることになります
が、ポジティブに使えば、相手を強く励ますことができます。

言うことを聞かないわが子に

×ダメな子ね！とつい怒ってしまう
○いい子だもんねと愛情をこめる

恐怖よりも愛情が人を動かす

自分の子どもに対しては、ついつい、ふだんは言わないような強い言い方をしてしまうことがあるでしょう。

たとえば、子どもが言うことを聞かない場合、

「どうしてできないの。グズグズして。ダメな子だね」

などと、大きな声で言ってしまうこともあるでしょう。

けれども、そのように強い言い方をしたからといって、子どもは必ずしも、親の言葉を

素直に受け入れるとは限りません。

場合によっては、反抗的な態度を見せることもあるのではないでしょうか。

「怒るよ」と脅かしたり、「ダメな子」と突き放したりして、言うことを聞かせようとするのは、決して賢明な方法ではないと思います。

もっとポジティブな言い方をするほうがいいでしょう。

「すぐにできるよ。やってみよう」

「いい子だもんね。素直に言うことを聞いてくれるよね」

というように言ってあげるのです。

イソップ物語に、『北風と太陽』という話があります。

厚着をしている旅人の上着を脱がそうと、北風と太陽が勝負をしました。

北風は風を強く吹きつけて力ずくで脱がせようとしましたが、風が冷たいので旅人は上着を脱ぎません。

一方、太陽が暖かい光を降り注ぐと、旅人は自分で服を脱いだという話です。

親が、「怒るよ」「ダメな子」と言って言うことを聞かせようとするのは、この話の北風と同じだと思います。

太陽のように、愛情があふれた言葉で説得するほうが、子どもは素直に言うことを聞き入れてくれるでしょう。

痛い目にあって落ち込んでいる人に

×あなたもドジだね

と冗談めかす

○ある意味ではよかったよ

とプラス面に気を向けさせる

冗談は励ましにはなりにくい

「恋人から嘘をつかれているのがわかった」と、落ち込んでいる女性がいました。

確かに、嘘をつかれるというのは、気分がいいものではありません。

しかも、その相手が恋人などという近しい関係にある人であれば、なおさら精神的にショックを受けることになると思います。

そのようにショックを受けて落ち込んでいる人を励まそうとして、冗談めかした言葉を使う人がいます。

たとえば、親しい友人が、

「嘘を見抜けなかったあなたもドジよ」

と笑い飛ばすような場合です。

しかし、そういう、冗談で人を責めるような言い方は、よくありません。

そんな言われ方をされても、その女性は励まされないでしょう。

さらに落ち込んでいくことになります。

親しい友人であれば、相手をもっとやさしい言葉で慰める必要があるでしょう。

「相手の本心がわかったんだから、その意味ではよかったと思うよ」

「このまま長くだまされてたら、もっと大変だったんじゃない？」

このように、嘘をつかれたことが発覚したプラスの面に意識が向くように、うながしてあげるのです。

そのほうが、落ち込んでいる女性は慰められると思います。

嘘をつかれるのは、つらい経験でしょう。

しかし、そんなつらいことにさえ、プラスの面を見つけることはできると思います。

人間は、プラスの面を知ることで、気持ちを切り替えることができます。

ですから、あえて「それも、いいことだった」という言い方をするのです。

それが、相手が立ち直るきっかけになるかもしれないのです。

第11章 ほめる言葉

こんな一言で台なしに！

×見直したよ

↓言いかえは184ページ

いいほめ言葉にはふたつの特長があります。
ひとつは「発見」。
相手がほめてもらいたがっていることを見つけてほめる。
あるいは、**相手が気づいていない長所を見つけてほめる**のです。
もうひとつは「感謝」。
結果に不満でも、相手の努力に感謝する。
あるいは、相手の美点に刺激され、**学ばせてもらったと感謝する**のです。

一方、ほめ下手には
ふたつの傾向が見られます。
ひとつは要求水準が高すぎること。
賞賛は人間関係の潤滑油でもあるので、
ハードルは下げるのが得策です。
もうひとつは
「ほめると相手が調子に乗る」と
お堅く考えている場合。
「人はほめられたほうが成長し、
そうなれば自分も幸福」と
柔軟に考えましょう。

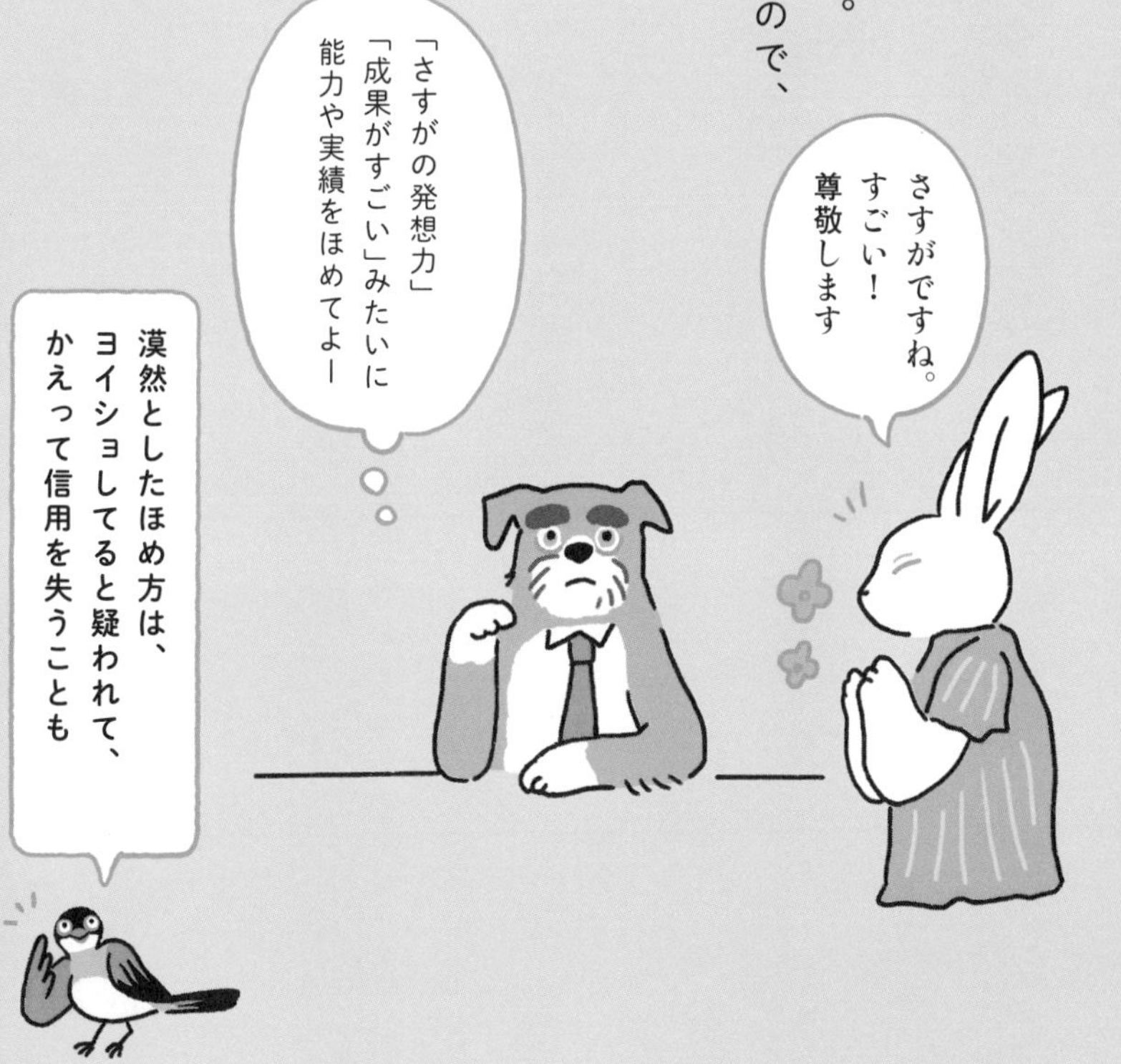
さすがですね。
すごい！
尊敬します
「さすがの発想力」
「成果がすごい」みたいに
能力や実績をほめてよー
漠然としたほめ方は、
ヨイショしてると疑われて、
かえって信用を失うことも

好みではないものを出された時に

×今ひとつかなと正直に言う
○いい味出してるとほめる

正直がいつもいいとは限らない

家族みんなが仲よく暮らしていくためのコツのひとつに、「おたがいに、よくほめあう」ということがあります。

特に、食事は、大いにほめて食べたほうがいいと思います。

その場に出された料理をほめることで、食卓の雰囲気が明るくなります。

それが家庭円満につながります。

戦国武将で、仙台藩の初代藩主となった伊達《だて》政宗《まさむね》は、こう述べています。

「朝夕の食事は、たとえ口に合わないものが出されたとしても、『おいしい』とほめて食べるのがいい」

時には、出される食事の味つけなどが口に合わないこともあるでしょう。しかし、そうであっても、その料理をつくってくれた人に対して、「おいしい」とほめたほうがいい、と政宗は言うのです。

人をほめ、人に感謝することを忘れないでいることで、人と人の絆《きずな》が強くなっていく、という考えが政宗にはあったのでしょう。

特に、戦国武将の家臣団においては、上下関係や身分といったものを超えて、一丸《いちがん》となることが大切でした。

一丸とならなければ、厳しい戦国の世を生き残っていけなかったのでしょう。

もちろん、絆を強め、まとまっていくことは、現代の会社や一般家庭においても大切なことだと思います。

そのためには、たとえ好みではないものに接したとしても、

「今ひとつですかねえ」

と正直にマイナス点をつけないほうがいいと思います。

「いい味出してますね」

と、ほめることが大切です。

訪問先の会社や家をほめる時に

× 立派なお宅ですね
と外面を賞賛する

○ 教養あふれる本棚ですね
と内面的な部分を賞賛する

教養や知性に着目するのが気のきいたほめ言葉

知り合いの自宅に招かれたり、取引先の会社を訪問したりすることがあると思います。

そのようなケースでは、まずは自宅や社屋のようすをほめることが多いと思います。

「立派なお宅にお住まいですね」

「立地が素晴らしいです」

といった言葉です。

ほめ言葉から入ってこそ、招待されたひと時が楽しくなりますし、訪問も有意義なものになるでしょう。

ただし、あまりにもありきたりなほめ方だと、相手から「単なるお世辞だろう」と感じられてしまうこともあります。

何か気のきいた一言を言いたいものです。

その一例として、自宅に招かれた場合なら、家の本棚に並んでいる本をほめる方法があると思います。

たとえば、本棚に、歴史書や、哲学に関する本、学者が書いたエッセイなどが並んでいた時には、

「教養を高める努力を怠らないようにされているんですね」

「いつも本を読みたいと思いながら、なかなか実行できません。これからは、あなたを見習って読書に励みたいです」

といったほめ方をするのです。

家の大きさや立地など、いわば外面的なものをほめられるよりも、教養や知性といった内面的なものをほめられるほうが、自尊心を満たされて、よりうれしく感じるという心理傾向が、人間にはあります。

そういう意味で、「本棚に並ぶ本をほめる」という方法は、とても効果的なほめ方だといえます。

成長いちじるしい人をほめる時に

×見直したよ

と過去を引き合いにほめる

○誰にもできることじゃない

と無条件にほめる

疑念を抱かせる言葉は避ける

ほめているようで、ほめ言葉になっていない言い方があります。

「見直したよ」

「やればできるじゃないか」

といった言い方です。

そう言われた人の中には、「見直したということは、今まで私の能力を低く評価していたのだろうか。これまではなんの期待も寄せていなかったのだろうか」と思う人もいるのではないでしょうか。

「やればできる、ということは、これまでは努力の足りないダメな人間だと思われていたのだろうか」と疑う人も出てきます。

そのような疑念を抱かせるほめ方は、あまりいいほめ方にはならないのです。

また、そういう言葉には、上から目線で人を見ているといった印象があります。

上司が部下を「見直した」とほめるのはまだマシなほうかもしれません。

しかし、同じ立場の人や、立場が下の人から「見直した」などと言われても、素直に喜べないでしょう。

成長いちじるしい人には、次のように、無条件にほめるのがいい方法です。

「素晴らしい。誰にもできることじゃありません」

「やりましたね。あなたがいると心強いよ」

そのほうが相手にとってはうれしいでしょうし、「さらに上を目ざして、がんばろう」という向上心もかき立てられます。

さらに、上手にほめれば、その相手との信頼関係も深まるのです。

不満な点と満足な点の両方がある時に

×ここが不満だとできないことを指摘する
○ここがすごいとできることをほめる

長所に着目するのがほめ上手

人と人とが円満な関係を結んでいくにあたって、ほめることは非常に大切です。日頃から身近な人たちをほめることを心がけ、実践していくことで、人間関係はよくなり、信頼関係も深まっていきます。

また、相手の能力を引き出すためにも、叱るより、ほめるほうがずっと効果的であることがわかってきています。

次のような研究があります。

脳卒中《のうそっちゅう》に見舞われて体を自由に動かせなくなった患者さんたちは、回復のために、リハビリを行います。

その際、患者さんたちをふたつのグループに分け、一方のグループでは、理学療法士が、患者さんたちに、「ずいぶん早く歩けるようになりましたね」「手を器用に動かせるようになりましたよね」「スムーズに話せるようになって、すごいです」と、さかんにほめるようにしたのです。

そうすると、さかんにほめられた患者さんのグループは、まったくほめられなかった患者さんのグループに比べて、運動障害からの回復が早かった、といいます。

ほめられることによって、患者さんたちは、より意欲的になり、一生懸命にリハビリに取り組むようになったのです。

この研究結果は、上司が部下に接する時や、家庭での子育てなど、さまざまな場面で活用できると思います。

相手の成長を思えば、満足できない部分を「ここが不満だ」と指摘するのは、得策ではないでしょう。

それよりも、満足できる部分を「ここがすごい」とほめるほうが、ずっと効果的だ、ということです。

できなかったことを指摘するよりも、できたことをほめることが大切です。

人物や仕事をほめる時に

×さすがです と漠然とほめる
○わずか一週間で完成とはさすがです と具体的にほめる

ほめる時は具体例をあげる

上手なほめ方のコツに、具体的にほめるということがあります。

相手のすごいところを具体的に提示しながら、ほめるのです。

たとえば、相手がつくった企画書をほめたいのなら、

「一週間という短期間に、これだけ説得力のある企画書を書きあげるとは、さすがです」

「発想がすごいです。私には、とても真似できません」

といった具合です。

一方で、そういう具体例なしに、

「さすがですね」

と漠然《ばくぜん》とほめるのは、あまり効果的ではありません。

具体例がないと感情がこもらず、相手の心に響かないのです。

相手とすれば、「おだてているだけかもしれない」と、さめた気持ちになってしまうかもしれません。

また、人によっては、「本当に、この企画書を読んで評価しているのか？」「ほめているようで、実はイヤミを言っているんじゃないか？」と受けとってしまうかもしれません。

ですから、具体的な例をたくさんあげて、ほめるのがいいのです。

ほめるとは、「相手の能力や実績を認める」ということです。

しかし、「さすがですね」だけでは、相手は**「いったい自分の何を認めてくれたのか」ということがわからない**のです。

したがって、「この部分が素晴らしい」ということを具体的に示して、ほめたほうがいいのです。

そうすれば、相手は、「自分のここを認めてくれているんだ」と気づきます。

それは相手の生きる自信につながりますし、「認めてもらった部分をもっと伸ばしていこう」という意欲も生まれてきます。

まだまだ満足できない相手をほめる時に

×一〇〇点を目ざそうと期待を伝える
〇一〇点も伸びたねと成長をほめる

成果より成長をほめる

上手なほめ方のコツのひとつに、

「**その人の成長をほめる**」

ということがあります。

成長をほめることで、さらなる成長を期待できるのです。

一〇〇点満点で五〇点程度のできであったとしても、そこに成長の跡が見られた時は、大いにほめてあげたほうがいいと思います。

「前回のテストより一〇点も成績が伸びた。すごいね」

「成長したね。毎日こつこつよくがんばった」

といったようにです。

そうすれば、相手はさらに意欲的に努力して、成績を六〇点に伸ばしていくかもしれません。

そこで、また成長をほめれば、さらに七〇点、八〇点と成績を伸ばしていく可能性も出てくるのです。

一方で、相手への要求水準が高い人は、人をほめることがあまりないようです。

ほめるどころか、たとえば、一〇〇点満点で九〇点のできであったとしても、

「一〇〇点を目ざそうよ」

といった言い方をしがちです。

「一〇〇点でなければゼロ点と同じだ。努力が足りないぞ」

といった厳しい言い方をする人も中にはいるでしょう。

しかし、このような言い方をしたら、相手はやる気を失って、次は八〇点、そして七〇点、六〇点と、どんどん成績が下がっていくのではないでしょうか。

ほめることが大切なのは、相手の能力を伸ばしてあげることができるからです。

相手の成長をほめることが賢明です。

抜群の成績をあげた相手をさらに伸ばす時に

×調子に乗りすぎないようにとかえって戒める

○努力の成果だ。その調子でと大いにほめる

ほめて伸ばすのが現代の常識

「下手にほめると、相手はいい気になって怠けるようになる」と思い込んでしまっている人がいます。

「だから、ほめるよりも、叱るほうが大事だ」と言うのです。

こういうタイプの人は、たとえば、職場の部下や後輩が仕事で抜群の実績をあげたとしても、ほめたりはしません。

それどころか、せっかくの実績を認めないようなことを言います。

「この程度で、いい気になっていたらいけない」

「まだまだ自分は未熟だと思ったほうがいい。勝ってカブトの緒《お》を締めよ、だ」

しかし、がんばって実績をあげたのに認められず、かえって叱られてしまったら、その人は、ガッカリした気持ちになるのではないでしょうか。

がんばりがいを失って、やる気をなくす結果にもなりかねません。

がんばった人は、がんばった分だけ、ほめてあげるのがいいと思います。

「努力の成果だね」

「よくがんばってくれました」

「その調子でお願いします」

といった言葉で大いにほめ、励ましてあげるのです。

そのほうが、相手はいっそうやる気をかき立ててくれるのではないでしょうか。

必ずしも、**「ほめると、相手はいい気になって怠けるようになる」わけではない**のです。

むしろ、正当にほめるほうが、相手のさらなるやる気を引き出すための有効な手段になることがあります。

ほめることで、相手はより力強く成長していくことができます。

自分自身がポジティブになれない時に

×不満だ、不評だと感情を吐き出してしまう
○満足だ、好評だとほめ言葉を多くする

ほめ言葉は自分も他人も幸福にする

「ポジティブ感情」という言葉があります。

前向きで、意欲的、積極的な感情を意味する言葉です。

ポジティブ心理学には、「心の中をポジティブ感情で満たすことが、その人の幸福につながる」という考え方があります。

では、どのようにすれば相手の心をポジティブな状態に保つことができるのかと言えば、そのもっとも効果的な方法のひとつは「ほめる」ことなのです。

「この成果には満足だ。ありがとう」

「あなたのお仕事、みんなに好評ですよ」

と、身のまわりの人たちを、ことあるごとにほめるのです。

ほめることで、相手の心の中がポジティブ感情で満たされます。

そればかりではありません。

脳科学では、**ほめることは、ほめられた人にいい効果をもたらすばかりではなく、ほめた人の精神面にも非常にいい影響をもたらす**ことがわかっています。

人をほめると、脳の中で、オキシトシンと呼ばれる物質がさかんに分泌されるようになります。

そして、オキシトシンの分泌がさかんになると、「幸福感が増す」「人に好意的になる」「意欲や集中力が増す」「ストレスがやわらぐ」などの効果が得られるのです。

もしも自分の中にネガティブな感情がたまっているならなおさら、他人に対して、

「努力不足だ」

「最近、どうも不評ですよ」

と、ネガティブな言葉を口にしないほうがいいと思います。

まわりの人たちを積極的にほめていくほうが、おたがいに幸せになれるのです。

沈んだ気持ちを変えたい時に

×よく余裕があるね
と皮肉ってストレス発散する

○いつも明るいね
と人をほめてみる

人をほめると自分に元気がわく

頭では、「人をほめることが大切だ」とわかっていても、なかなかほめることができないことがあります。

たとえば、仕事や人間関係のストレスがたまっている時がそうでしょう。

体が疲れていたり、時間に追われている時なども、そうなると思います。

そんな時は、ほめるどころか、文句やイヤミが口から出てしまいがちです。

言うつもりがなくても、つい口から出てしまうのです。

特に、家族や友人、職場の親しい同僚には、つい、強い言葉が出てしまいがちです。

「この忙しい時に、よくそんな余裕があるね」

「ボーッとしているヒマはないよ」

といった文句やイヤミがつい口から出てしまうのは、自分自身の心にゆとりがなくなっている証しだと思います。

多忙やストレスから、イライラが止まらなくなっているのかもしれません。

ゆとりのない精神状態になっている時には、ほめることよりも先に、文句やイヤミが口に出てしまいがちです。

しかし、だからこそ、意識して人をほめたほうがいいと思います。

人をほめることで、自分自身のストレスがやわらぎ、心に余裕が生まれる、という効果も期待できるからです。

「落ち着いているね。私はちょっとギスギスしすぎかなあ」

「いつも明るい表情だね。私も元気が出てくる」

このように、身近にいる人をほめてみるのです。

すると、ほめることで自分の気持ちがホッとしてきます。

その結果、自分自身が元気になってくるのです。

第12章 人物評価の言葉

こんな一言が傷のモト！

×言いすぎでしょ

↓言いかえは202ページ

「ウチの上司は優柔不断だなあ」と同僚がグチる。
「私は友だちが少なくて」と友人が悲しむ。
そんな時こそ、**「言いかえ力」**で
マイナスの雰囲気をプラスに一変させましょう。

そもそも長所と短所は、
同じコインの表と裏にすぎません。

誰かがくり返し「Aさんは無神経」と言えば、
Aさんが不快な人に見えてくる。
「Aさんは大らか」と言えば、たちまち逆になる。

極端な性格でない限り、
人の評価などその程度のものであり、そして、
極端な性格の人などまずいないのです。

常にプラスの人物評価を
口にしてください。言われた相手は
どんどんプラス面を発揮し始めます。
逆に**マイナスの人物評価がクセになると、**
自分にストレスがたまるばかりです。

あなたー もっと痩せたら
なんてホンネモードなの！ でも、これに慣れれば いい人かも
「無遠慮な人」を「遠慮なくつきあえる人」と、頭を切り替えるっていう手も

決められない性格の人に

×優柔不断だ
と非難する

○深く考えるタイプだ
とポジティブに受け入れる

短所も言い方ひとつで長所にできる

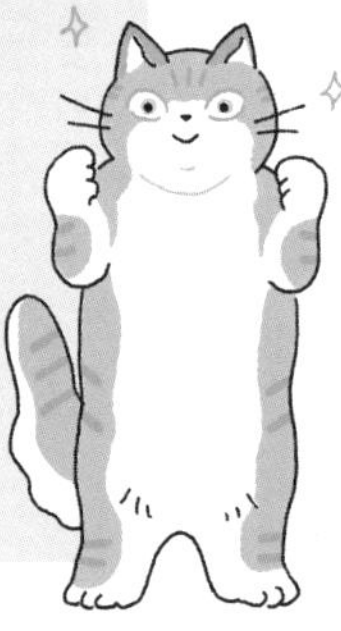

どのような人であれ、性格には、短所と長所というものがあります。

そのため、身近な人の性格的な短所に不満を覚えることがあるかもしれません。

しかし、短所と長所は表裏一体で、短所が長所になることもあるのです。

それなのに、不満をネガティブな言葉で直接相手にぶつけてしまったら、人間関係が悪化することになるでしょう。

ある女性の夫は、優柔不断なところがあるといいます。

ものごとを決断できず、いつまでもグズグズと悩み続けることが多いのです。そんな性格に、彼女は不満を感じ、ついイライラして、

「本当に優柔不断な性格ね」

「決められない性格、どうにかならない？」

といった言い方で、不満をぶつけることもあるようです。

結果、夫との関係が悪くなる一方だといいます。

自分の性格を非難されることは、誰にとっても心地いいものではありません。

相手の性格について、あれこれ指摘するのはよくありません。

性格について直してもらいたい点があっても、**まずは相手の性格をポジティブに受け入れる言い方をするのが賢明**だと思います。

「あなたはものごとを深く考えるタイプ。だから失敗が少ない。一緒にいると安心できるの」

といった言い方で、相手の性格を肯定してあげたうえで、

「ところで、この件、どうしようか？」

と、決断をうながすのがいいと思います。

自分の性格を否定されると、相手はいっそう自分の殻《から》に閉じこもってしまいます。

優柔不断な人は、ますます優柔不断になっていきがちなのです。

まずは相手の性格をポジティブに肯定することが大切です。

言いたい放題の辛口の人に

×言いすぎでしょと文句を言う
○面白い見方だと受け止める

プラスに見ればなんでも学びになる

人間の性格は、人それぞれです。

たとえば、「辛口《からくち》」というのも、性格のひとつではないでしょうか。

「辛口の性格」とは、「何に対しても、思ったことをズバズバ言う」「多くの人が遠慮して言わないようなことも容赦《ようしゃ》なく指摘する」という意味です。

身近な友人や親しい仲間に、そんな性格の人がいると、つい、こんなふうに文句をぶつけたくなるかもしれません。

「言いすぎだよ」

「少し口を慎んだら？」

「何様のつもり？」

しかし、辛口の人に、そんなふうに文句を言ってしまったら、それこそ、彼らから辛口批判の的《まと》にされ、容赦なく言い返されることになるでしょう。

辛口の性格であっても、大切な友人や仲間のひとりであるはずです。

ならば、その相手と上手につきあえるように、言い方を工夫するほうが賢明です。

次のように言いかえることもできるでしょう。

「面白い見方だ」

「刺激的な話だね」

「それもアリかも」

このようにほめれば、本当に相手の話が、面白く刺激的に聞こえてくると思います。

つまり、人物の評価は、こちらのとらえ方で、大きく違ってくるのです。

テレビなどでも、いわゆる「辛口のコメンテーター」は人気があるものです。

人気があるのは、それらの人たちの「辛口のコメント」が刺激的で、面白いという側面があるからだと思います。

そのような側面を認めればいいのです。

交友関係の狭さを気にする人に

×積極的に人と会ったら？
とすすめる

○人間関係を大切にできるね
と個性を肯定する

ありのままを受け入れるほうが幸福になる

友だちが少ないということで悩む人がいます。
そんな人を相手に、
「もっと積極的に人と会ったほうがいいよ。そうすれば、きっと友だちが増える」
という言い方をするのはよくありません。
それは、「性格を変えろ」と言っていることだと受け止められるからです。
「性格を変えろ」というのは、相手には無理難題としか思えないでしょう。

そんなことを言われても、人は、そう簡単に自分の性格を変えることなどできません。

それはマイナスの言葉になってしまうのです。

ポジティブ心理学の考え方のひとつに、

「ありのままに受け入れる」

というものがあります。

現状を無理に変えようとするよりは、受け入れていくほうが、人は幸せに生きていける、という考え方です。

ですから、友だちが少ないのであれば、そういう現状をそのまま受け入れて、その中でプラスの側面を見つけ出していくほうが得策です。

そのように発想の転換をうながすように伝えることで、相手を勇気づけるほうがいいと思います。

「友だちが少ないなら、かえってひとりひとりとの人間関係を大切にできると思う。より深く、より長くつきあっていけるんだから、いいことじゃないかな」

といったようにです。

そうすれば、その人も、友だちが少ないことを気にすることなく、幸せに生きていけるようになります。

心配性でなにかと口を出してくる人に

×わかってるよと言って話を終わらせる
○そうだよねとサラッと聞き入れる

親しい相手ほど言葉づかいをやさしくする

心配性《しょう》といわれる人がいます。

心配性の人は、「口うるさい人」だと言えるかもしれません。

こちらのやっていることをいちいち心配して、「だいじょうぶ?」「ちゃんとやってる?」「間に合う?」「変わったことはない?」と、口を出してくるからです。

あれこれ言ってくる人は、一般的に、とても身近にいる人だと思います。

親や家族、親しい友人であったりするケースが多いでしょう。

そんな心配性の人に対して、身近なだけに、つい、

「うるさい」

「わかってるって」

「放っておいて」

などと言ってしまった経験を持つ人もいるかもしれません。

それがきっかけとなって、人間関係がギクシャクしてしまった、ということがあったかもしれません。

しかし、身近な人たちとの関係が、ものの言い方ひとつで悪くなってしまうのは、残念なことではないでしょうか。

「うるさい」という言葉を、次のように言いかえることもできると思います。

「心配してくれて、ありがとう」

「やさしいね。うれしいよ」

「確かにそうだよね」

といった感謝の言葉に言いかえることができれば、人間関係がギクシャクすることもないと思います。

コツは、サラッと言うことです。

そうでないと、心配性の人は、さらにあれこれ言うようになりかねないからです。

控えめで目立たない人に

× もっと主張してほしい
と求める

〇 縁の下の力持ち役をありがとう
と感謝する

控えめな人はさりげなくほめる

職場の部下や後輩に、かなり控えめな人がいるかもしれません。

仕事はしっかりしてくれているのですが、積極的に意見を言ったり、企画を立てたりすることは、あまりないのです。

上の立場にいる人にとっては、もどかしく感じられる存在でしょう。

そのために、時には、こんな言い方で指導してしまうことがあるかもしれません。

「もっと主張してほしい」

「個性を出してくれないかなあ」

「やる気を見せてよ」

しかし、このようなことを言われると、相手は傷ついてしまうのではないでしょうか。場合によっては、ショックを受けて、やる気を失うこともあるでしょう。

相手の性格について何か言う時には、言い方に注意するほうがいいのです。

自分の性格について、コンプレックスを持っている人もいます。

そのコンプレックスを刺激しないような言い方をする工夫が必要です。

たとえば、次のように言いかえることもできます。

「縁の下の力持ちタイプだ」

「あなたのように黙々と仕事をしてくれる人がいるから、組織がスムーズに動くんだと思う。ありがとう」

「いつも冷静だね」

コツは、話の途中にさりげなく言うことです。

控えめな人は、表だってほめられるのがあまり好きではないことが多いためです。

しかし、内心では認めてもらいたいので、タイミングよく感謝の言葉を発することで、素直に「認められている。がんばっていこう」と思ってもらうことができるはずです。

無遠慮、無神経な人に

×こっちの気持ちも察して と文句を言う
○ホンネでつきあえる と楽しむ

相手を認めたほうが生産的

「無遠慮」「無神経」というタイプの人がいます。

礼儀とか常識といったことにあまりとらわれず、自由にふるまうタイプの人です。

時には、こちらの気持ちやまわりの空気を無視しているようにも感じられます。

ですから、無遠慮な人を相手にすると、つい感情的になって、

「少しは人の気持ちを察してよ」

「非常識だ」

「図々しいなあ」

と、文句を言ってしまいがちです。

それがきっかけで、ちょっとした口ゲンカになってしまう場合もあります。

イヤな気持ちを何日か引きずってしまうことにもなります。

そういうイヤな思いを引きずらないためにも、無遠慮、無神経な人からズケズケともの

を言われた時の対処の仕方も考えておくほうがいいと思います。

そのためには、感情的に言い返すのではなく、発想の転換をする工夫が大切です。

たとえば、このようにも言えるのではないでしょうか。

「フレンドリーだね」

「ホンネのつきあいができる」

「おたがい遠慮なくなんでも言える」

このような言い方ができれば、無遠慮、無神経な人とも、まさに「ホンネのつきあい」

を続けていくこともできるでしょう。

そのほうが、人間関係は生産的なものになります。

人間関係ではいろいろな配慮や心づかいが大切ですが、**時には遠慮なく、無礼講《ぶれいこう》でもの**

を言い合えるような関係も楽しいものです。

第13章 グレーゾーンの言葉

こんな一言で差がつく!

×変わらないね

↓言いかえは214ページ

たとえば夏の男性のノーネクタイ。
ひと昔前はあり得ませんでした。
今では普通ですが、中には「おかしい風潮だ。
仕事中はネクタイ着用が礼儀」と考える人もいます。
もしそれが重要な顧客や取引先だったら?
その人と会う時にはネクタイを締めるでしょう。

言葉も同様です。
たとえば、若者言葉や、一般化しつつある誤用。
許容する人もいれば、
「あんな言葉づかいでは、
仕事の能力自体が疑われる」と
厳しく決めつける人もいます。
なので、そういう言葉は、
「グレーゾーン」と考え、
フォーマルな場では使わないのがルール。
言葉選びは**自分が使いやすいか**
どうかではなく、
相手の価値観に合わせるものなのです。

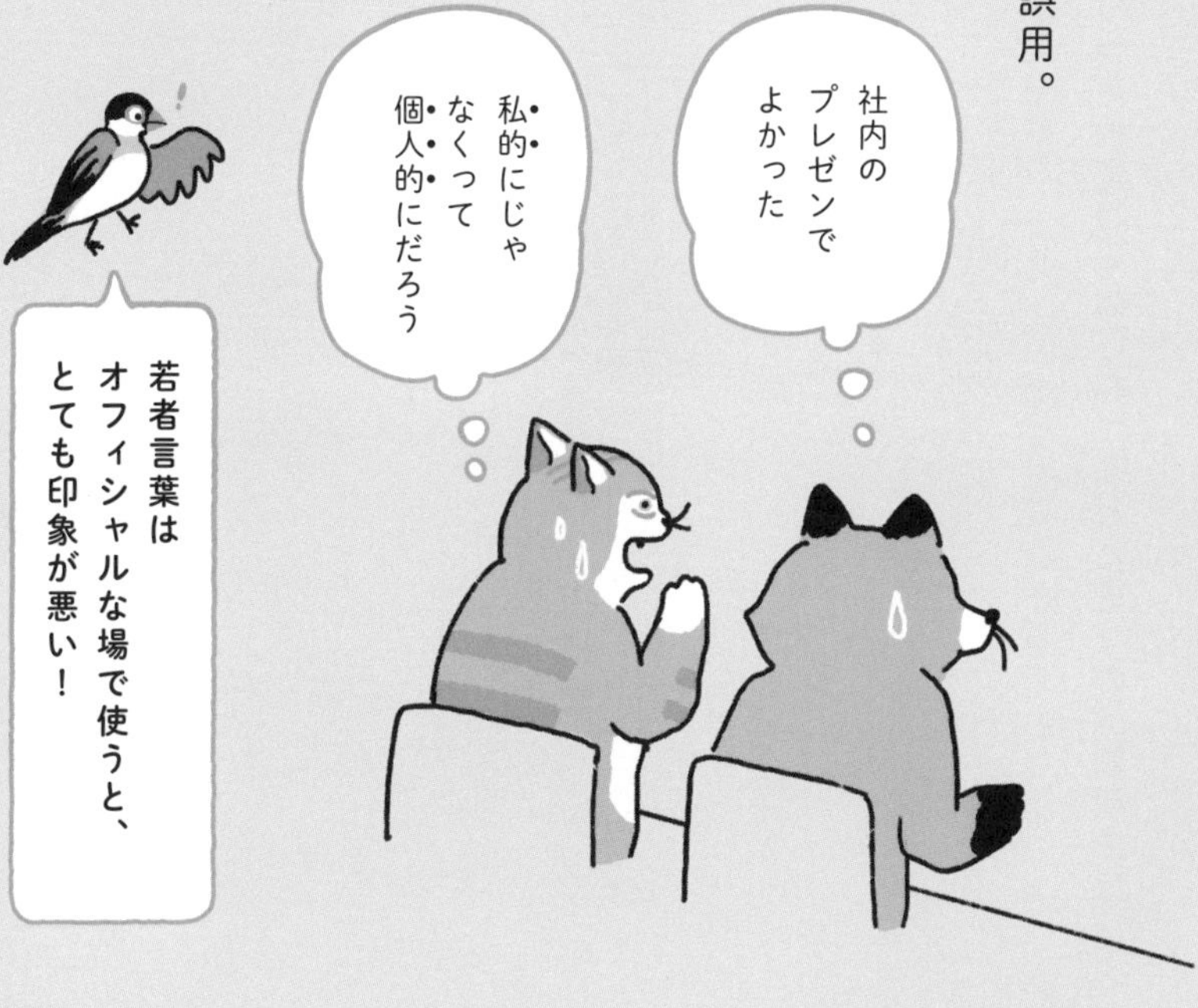

社内のプレゼンでよかった
私的にじゃなくって個人的にだろう
若者言葉はオフィシャルな場で使うと、とても印象が悪い！

久しぶりに会った若い人に

×変わらないね と懐かしむ
○立派になったね とほめる

相手によって言葉の受けとり方は変わる

人間関係には、使い方によって受け止められ方が極端に変わる、グレーゾーンの言葉というものがあります。

たとえば、久しぶりの再会を喜ぶ挨拶として定番の、

「お変わりありませんね」

という言葉も、相手によっては悪い印象を与えかねないので、注意が必要です。

年長者が若い人に再会した時、「昔とちっとも変わらないね」などと言うのは賢明では

ないでしょう。

「それは私が全然成長していないってことか」と受けとってしまう人も、中にはいるかもしれません。

したがって、言い方を変えて、次のようにほめるほうがいいでしょう。

「立派になったね」

「充実しているみたいだね」

若い人にとって、自分の成長をほめてもらうことは、とてもうれしいものです。

ですから、若い人と再会した時は、相手の成長をほめるのが、人間関係をよくする挨拶になります。

一方、自分より**年配の人と再会した時に「お変わりありませんね」と挨拶するのは、相手をほめる、いい言葉になる**でしょう。

「年齢を重ねてもお元気ですね」

「いつまでも、お若いですね。うらやましい」

という意味を表しているからです。

ただし、単に「お変わりありませんね」と言うよりも、

「相変わらず元気でご活躍ですね」

といった一言を加えるほうが、より好感度を増す挨拶になると思います。

目立つものが好きな人に

×派手好きだね となにげなく言う
○明るい色が似合うね と言葉を選ぶ

どう受けとられるかを考えて感想を述べる

C子さんという女性が、こんな話をしていました。
彼女の友人のひとりは、色あざやかな洋服が好きです。
原色の赤や黄や、緑などの洋服を好んで着ています。
そんな友人に、ある日、C子さんは、なにげない気持ちで、
「派手好きだね」
と言ったそうです。

すると、友人はムスッとした表情になって、黙り込んでしまいました。

それからというもの、友人は、C子さんに対して冷たい態度をとるようになったというのです。

おそらく友人は、「派手好き」という言葉で、自分の洋服の趣味をバカにされたと感じたのでしょう。

「派手」という言葉には、「どぎつい」「ケバケバしい」というイメージもあるからです。

C子さんには、もちろんバカにする気持ちなどなく、感想を述べただけだと思います。

しかし、時には、そういう不用意な言葉が、人間関係を悪くすることもあるので、注意しなければなりません。

会話をする時に大切なのは、「このような言い方をしたら、相手はどういう気持ちになるだろうか」ということについて、いつも想像をめぐらしておくことです。

想像力が働けば、C子さんはもっと言葉を選び、友人に、

「明るい色が似合うね」

という話し方ができたと思います。

このような言い方なら、友人は、「趣味をほめられた」と感じることができたのではないでしょうか。

そして、その友人と、いっそう仲よくなれたと思います。

オフィシャルな場で自分の意見を述べる時に

×私的には とつい若者言葉を使う
○個人的には とオフィシャル言葉を使う

若者言葉からは卒業しておく

自分の考えを言う時に、「私的《わたしてき》には」「僕的には」という言葉を使う人がいます。

「私的には、いいと思います」

「僕的には、それに賛成だな」

といった言い方です。

「まわりの人たちの了解は得ていないが、自分としてはこう思っている」という意味なのでしょう。

この「自分としては」を、「私的には」「僕的には」に言いかえているのです。

特に、若い人たちが、友人同士などのプライベートな会話で、このような言い方をする場合が多いようです。

仲間内でこのような言い方をするのは、悪いことではないと思います。

ただし、会社などオフィシャルな場では、「私的には」「僕的には」という言い方はしないほうが好印象を持たれるでしょう。

同僚同士の会話など、多少くだけた場であれば、

「僕的には、その意見に賛成です」

と言ってもいいでしょう。

しかし、オフィシャルな場では、

「個人的には、そうだと思います」

「私は、いいと思います」

と言うほうが、常識的で、その場にふさわしい言い方になります。

いわゆる「若者言葉」は、それを使う時の状況を考えないと、「社会人としての常識がない」と見なされてしまうことがあります。

それを知りながら、ついポロッと口にしてしまうこともあるので注意が必要です。

ビジネスの場でノーを言いたい時に

×微妙と言って察してもらう

○〜なので今回は遠慮しますと理由を示す

仕事ではあいまいな返事は避ける

会社の同僚から、「こんな企画があるんだけど、一緒にやってみない？」などと提案された時に、

「うーん。微妙」

といった返事をする人がいます。

この「微妙」は、「やれるかどうかわからない」「どちらかというとやりたくない」ということなのでしょう。

こういうあいまいな言い方は、仕事の場ではあまり印象がよくないと思います。

というのも、「微妙」という言い方には、「時間や他の仕事などの物理的な理由によって、やれるかどうかわからない」のではなく、

「その企画にはあまり興味がない」

「専門外なのでついていけないかもしれない」

という意味合いが含まれている場合が多いからです。

しかし、それをはっきり言ってしまうと、相手を傷つけることになりそうだし、自分もバカにされるのではないかと怖れて、「微妙」といった言い方になるのです。

あいまいな返事は、相手によけいな誤解を与えたり、相手を不愉快な気持ちにさせることになりかねません。

「やりたくない」ということであっても、その理由をちゃんと説明しておくほうがいいと思います。

「ありがとう。でもその企画には今ひとつ興味がわかないんだ」

「専門知識がないので、今回はせっかくだけど遠慮しておく」

といった言い方です。

理由を説明すれば、あいまいな返事から起こる誤解を防げるでしょう。

相手を不愉快にさせてしまうことも少なくなります。

植西 聰

うえにし・あきら

東京都出身。著述家。学習院高等科、同大学卒業後、資生堂に勤務。独立後、人生論の研究に従事。独自の「成心学」理論を確立し、人々の心を元気づける著述活動を開始。1995年、「産業カウンセラー」(労働大臣認定資格)を取得。著書に『「いいこと」がいっぱい起こる! ブッダの言葉』(三笠書房)、『「折れない心」をつくるたった1つの習慣』(青春出版社)、『平常心のコツ』(自由国民社)、『願いを9割実現する マーフィーの法則』(KADOKAWA)などのベストセラーがある。近著に『人生は「やめる」といつもうまくいく』(成美堂出版)、『自己肯定感のコツ』(自由国民社)など。

人間関係《にんげんかんけい》で「疲《つか》れない心《こころ》」に変《か》わる言《い》いかえのコツ

2021年10月26日　第1刷発行

著　者　植《うえ》西《にし》 聰《あきら》

発行者　鈴木章一

発行所　株式会社講談社
〒112-8001 東京都文京区音羽2-12-21
電話　編集03-5395-3522
販売03-5395-4415
業務03-5395-3615

印刷所　株式会社新藤慶昌堂

製本所　株式会社国宝社

KODANSHA

定価はカバーに表示してあります。
落丁本・乱丁本は、購入書店名を明記のうえ、小社業務あてにお送りください。
送料小社負担にてお取り替えいたします。
なお、この本についてのお問い合わせは、第一事業局企画部あてにお願いいたします。

ISBN978-4-06-524692-4